Bienvenue à Lille

Beffroi de l'hôtel de ville.
P. Turpin/Photononstop

Arriver à Lille

EN TRAIN

Depuis la gare

Gare de Lille-Flandres – À 5mn du centre-ville.

Gare de Lille-Europe – À 10mn du centre-ville.

Le meilleur moyen de rejoindre le centre-ville est… la marche tant la distance est proche et la promenade agréable ! Toutefois, il est possible de rejoindre l'hyper-centre (station Rihour) en métro (ligne 1).

Passer d'une gare à l'autre en métro (ligne 2) est gratuit pour tous les voyageurs munis d'un billet « grandes lignes SNCF » composté, dans la demi-heure qui précède le départ ou dans la demi-heure qui suit l'arrivée du train.

EN AVION

Aéroport de Lille-Lesquin – À 11 km du centre-ville. 0 891 67 32 10 (0,23 €/mn) - www.lille.aeroport.fr.

Depuis Lille-Lesquin

En bus – Arrêt de la navette au centre commercial Euralille - dép. ttes les h - durée du trajet 20mn - 8 € AS, 10 € AR (ticket en vente auprès du chauffeur uniquement). Horaires depuis l'aéroport : 5h40-22h10 (dim. et j. fériés 6h30-22h20) ; depuis Euralille : 5h10-21h50 (dim. et j. fériés 6h-21h50).

En taxi – 03 20 04 49 24 - En sortant du hall d'arrivée. Comptez 30 €.

En voiture – Quatre comptoirs de location de voitures se trouvent juste à la sortie du hall « Arrivées ».

PAR LA ROUTE

Lille est à la croisée de six autoroutes : A1 depuis Paris ; A22 depuis Gand, Anvers ou Amsterdam ; A23 depuis Valenciennes ; A25 depuis Dunkerque ; A26 depuis Calais ; A27 depuis Bruxelles.

L'accès au centre se fait directement par les anciennes portes de la ville.

Parkings – Des parcs-relais (P+R) permettent de se garer gratuitement à proximité d'une station de métro et de rejoindre facilement le centre-ville.

p. 112.

Métro

Deux longues lignes de métro, entièrement automatiques, avec une fréquence élevée : toutes les minutes aux heures de pointe, jamais plus de 6 minutes d'attente aux heures creuses.

***Horaires** – Lun.-sam. 5h12-0h30 (dim. 6h30-0h30). L'interconnexion entre les deux lignes de métro se fait à 2 stations : à la Porte-des-Postes (au sud) ou à la gare de Lille-Flandres (dans le centre).* *p. 114.*

La gare TGV Lille-Europe et la tour de Lille, architecte Christian de Portzamparc.

Les immanquables

notre sélection des plus beaux sites

Grand'Place★★
Plan détachable E4 - p. 16

Palais des Beaux-Arts★★★
Plan détachable E5 - p. 18

LaM★★ - Lille Métropole musée d'Art moderne, d'Art contemporain et d'Art brut
Plan p. 56 - p. 53

Vieille Bourse★★
Plan détachable E4 - p. 16

Vieux Lille★★★
Plan détachable DE 2-3-4 - p. 28

Villa Cavrois★★
Plan p. 51 - p. 62

La Piscine★★-musée d'Art et d'Industrie André-Diligent
Plan p. 59 - p. 58

Louvre-Lens★★
Plan p. 51 - p. 67

Nos coups de cœur

Grimper en haut du beffroi de l'hôtel de ville, mélange de style Art déco et d'art flamand, pour découvrir la vue sur Lille et ses environs à 360°, tout en écoutant l'histoire de la cité grâce à l'audioguide. *Voir p. 22.*

Déguster des moules-frites dans les rues de Lille le premier week-end de septembre pendant la **Braderie** et se laisser emporter par l'atmosphère festive. *Voir p. 132.*

Déambuler le nez en l'air dans les ruelles tortueuses du **Vieux Lille**. Suivre son propre parcours ou opter pour la visite guidée, organisée chaque jour par l'office de tourisme, puis s'installer à l'une des terrasses de cafés sur la Grand'Place. *Voir p. 16, 28 et 115.*

R. Soberka/hemis.fr

Cour intérieure du musée de l'Hospice Comtesse.

Se promener à Wazemmes un jour de **marché** à l'ambiance cosmopolite. Déjeuner dans l'un des sympathiques cafés alentour. *Voir p. 42.*

Plonger dans La Piscine, ancien bassin municipal de Roubaix, chef-d'œuvre de l'Art déco réhabilité en **musée d'Art et d'Industrie André-Diligent**. Admirer les sculptures le long du bassin et les diverses collections exposées dans les anciennes cabines de douche et autour du jardin. Puis prendre un café au zinc de la cafétéria-buvette datant de 1932. *Voir p. 58.*

Se laisser surprendre par la maison natale de Charles de Gaulle, demeure bourgeoise du 19e s. au charme suranné et aux expositions historiques saisissantes. *Voir p. 35.*

Prendre de la hauteur sur la grande roue (50 m) pendant le **marché de Noël** et se laisser griser par le panorama extraordinaire sur la Grand'Place, le Vieux Lille et la ville illuminée.

O. Leclercq/hemis.fr

Marché de Wazemmes.

Découvrir les trésors du musée de l'Hospice Comtesse à travers les siècles, en parcourant cet ancien hôpital médiéval, transformé en hospice au 18e s. puis en orphelinat. *Voir p. 31.*

Tomber sous le charme de la villa Cavrois, splendide réalisation d'architecture et de décors modernistes, « œuvre d'art totale », pensée par Robert Mallet-Stevens. Apprécier les jeux de couleurs, de volumes et de lumières. Se promener dans le jardin pour admirer le reflet de la villa sur le plan d'eau. *Voir p. 62.*

Se balader dans les différents quartiers lors d'une édition de Lille 3000, foisonnant rendez-vous artistique et culturel. Découvrir des installations et des réalisations insolites et ouvertes sur les cultures du monde. Respirer un air chargé de dynamisme et de créativité. *Voir p. 132.*

Observer le mélange des styles architecturaux de la **cathédrale Notre-Dame-de-la-Treille**, en particulier sa singulière façade contemporaine dotée d'un superbe portail sculpté en bronze entouré d'un assemblage de plaques de marbre blanc et d'une résille métallique. *Voir p. 30.*

Lille en 3 jours

JOUR 1

Matin

Commencez la balade **place Rihour** et son palais gothique *(p. 14)*. La rue Rihour, bordée de cafés et, côté pair, de façades richement travaillées (17e s.) mène à la Grand'Place★★, centre névralgique de la ville.
Elle présente un bel aperçu de l'architecture du 17e au 20e s. dont les magnifiques maisons à mansardes de la **Vieille Bourse**★★ *(p. 16)*.
Déambulez ensuite dans le **Vieux Lille**★★★ *(p. 28)* aux belles façades colorées des 17e et 18e s. Ne manquez pas la cathédrale néogothique **Notre-Dame-de-la-Treille**★ *(p. 30)*, le musée de l'**Hospice Comtesse**★, la **rue de la Monnaie**★ *(p. 31)*, l'une des plus ancienne de Lille, et la place aux Oignons.

Midi

Petite pause déjeuner dans le Vieux Lille, vous aurez l'embarras du choix *(p. 73)*.

Après-midi

Cap à l'ouest sur la **citadelle**★ *(p. 38)*, œuvre de Vauban (visite de l'édifice certains jours sur réservation auprès de l'office de tourisme). Poumon vert de Lille, le parc de la Citadelle abrite un zoo *(gratuit)*. Poursuivez ensuite par la visite de la **maison natale de Charles de Gaulle**★ *(p. 35)*.

Soir

Goûtez à la cuisine flamande maison (carbonnade, welsh et frites bien sûr !), accompagnée d'une bière artisanale dans un estaminet du Vieux Lille. Prolongez ensuite la soirée dans un bar du Vieux Lille, rue Royale.

Une journée de plus ?

L'occasion de faire une belle escapade Art déco à Lens et de découvrir la galerie du Temps★★★ au Louvre-Lens★★, p. 67.

JOUR 2

Matin

Direction le **quartier Saint-Sauveur** *(p. 24)* : l'hospice Gantois, la porte de Paris et l'hôtel de ville. Grimpez les 300 marches du **beffroi**★ pour une vue imprenable sur le plat pays. Allez admirer la façade Art nouveau de la **maison Coilliot**, construite d'après les plans d'Hector Guimard *(p. 25)*.

Midi

Selon la météo et l'envie, une pause déjeuner à la gare St-Sauveur *(p. 24)* ou un pique-nique sur les pelouses du parc Jean-Baptiste-Lebas aux marronniers centenaires *(aire de jeux)*.

Après-midi

Découvrez des chefs-d'œuvre du 15e au 20e s. au **palais des Beaux-Arts**★★★ *(p. 18)* puis parcourez la **rue de Béthune**, artère commerçante dotée de belles façades Art déco *(p. 21)*.

Soir

Consultez le programme des lieux pluriculturels comme le **Tripostal** *(p. 47)*, la **gare St-Sauveur** *(p. 24)*, la **maison Folie Wazemmes★** *(p. 42)* ou celle de **Moulins** *(p. 44)* qui organisent de nombreux événements, en particulier lors des éditions de Lille 3000 *(p. 132)*.

JOUR 3

▶ *Matin*

Petit tour à **Wazemmes** *(p. 42)*, sympathique quartier cosmopolite (marché animé, épiceries variées, brocanteurs, bouquinistes, cafés). Découvrez les courées autour des rues de Wazemmes (Cité philanthropique), des Postes (cité des Postes), Jules Guesde et de la Justice (cité des Jardins).

▶ *Midi*

Déjeunez à petit prix sur le marché ou alentour *(p. 42 et 77)*.

▶ *Après-midi*

Selon vos préférences, direction Croix pour une visite de la **villa Cavrois★★** *(p. 62)* ou Villeneuve d'Ascq pour une plongée dans l'Art moderne, l'Art contemporain et l'Art brut au **LaM★★** *(p. 53)*. Ou immergez-vous dans la Piscine de Roubaix, splendide complexe Art déco réhabilité en **musée d'Art et d'Industrie★★** *(p. 58)*.

▶ *Soir*

Dînez dans un restaurant de Villeneuve d'Ascq ou de Roubaix *(p. 77)*. Profitez-en pour assister à une des animations de la **Condition publique** à Roubaix *(p. 60)*.

P. Alix/Iconotec/age fotostock

Façades du rang du Beauregard.

Visiter Lille

La grande roue du marché de Noël.
Y. Guichaoua/iTravelstock collection/age fotostock

Lille aujourd'hui

D'où que l'on vienne, c'est vers la **Grand'Place** (place du Gén.-de-Gaulle) que l'on se dirige. Ce quadrilatère imposant est bien à l'image de la capitale des Flandres. La Vieille Bourse témoigne de la puissance commerciale de Lille dès le Moyen Âge, les édifices de *La Voix du Nord* ou du Furet du Nord de son rayonnement intellectuel et culturel. C'est ici que son cœur bat. Les bars-restaurants étalent leur terrasse dès les premiers beaux jours. On déguste une bière, on s'offre un en-cas flamand, avant de se rendre vers un autre lieu festif.

Grand'Place

La place fait la jonction entre les différents quartiers de la ville. Au nord, on glisse vers la partie la plus ancienne, la plus jolie, le **Vieux Lille** vers lequel nos pas nous conduisent sans cesse. Au sud, direction le centre plus récent, commerçant et administratif, mais beaucoup plus animé. À l'ouest, se dessine l'histoire militaire de la ville, et celle de la bourgeoisie enrichie par sa florissante industrie. Ici, l'ambiance est moins tourbillonnante, plus résidentielle… du moins, en journée.
Enfin, à l'est, une fois passée la place du Théâtre, sorte de second rideau monumental de la Grand'Place que dominent l'Opéra et la chambre de commerce, on file à vive allure vers le futur. **Euralille**, nouveau centre moderne, aéré et lui aussi vivant, s'impose au regard. Les immeubles et les tours se dressent et enjambent les gares ou les centres commerciaux, tandis qu'à leur pied fourmille une population en transit.

Une ville « habitée »…

Lille est une cité vivante, grouillante même à certains endroits, une cité où les habitants aiment se promener et s'amuser. On parle toujours du sens de l'accueil des gens du Nord. On devrait surtout s'enthousiasmer pour leur capacité à incarner leur ville. Plus qu'un monument emblématique, c'est sa population qui donne son âme à Lille.

… et reconquise

Depuis qu'elle a été nommée Capitale européenne de la culture, en 2004, Lille a réussi à s'approprier ce visage humain. D'une place forte contrainte, puis concentrée sur son industrialisation galopante mais aujourd'hui révolue, elle a laissé de côté sa réputation de ville laborieuse pour celle d'une cité luxuriante et dynamique, qui a autre chose à apporter que sa riche histoire industrielle.

Une place forte

Depuis, Lille a prouvé qu'elle était une ville qui comptait. Bastion militaire hyperprotégé par la plus belle citadelle de Vauban et par une série de forts plus récents (Bondues, Seclin…), Lille a longtemps vécu enfermée. Dans ses remparts, en partie détruits en 1858, puis dans un développement industriel, centré sur le textile et l'agroalimentaire, qui l'a vite hissée, avec ses voisines Roubaix et Tourcoing, au deuxième rang des pôles économiques de l'époque. Le 20e s. a été celui d'un long déclin, qui a forcé la cité à se remettre en cause.

Un carrefour européen et culturel

Lille a choisi de s'appuyer sur ses points de force pour revenir sur le devant de la scène européenne. Ses anciennes usines sont devenues des logements, des lieux de culture (les maisons Folie, la gare St-Sauveur) ou des pôles économiques innovants (Le Fresnoy, L'Imaginarium à Tourcoing ou Euratechnologies à Lomme). Ouverte sur le monde, elle bénéficie d'une situation géographique exceptionnelle puisqu'elle se situe à une heure de trois capitales européennes, Londres, Bruxelles et Paris.

Capitale des Flandres, Lille apporte une offre culturelle riche et variée : son palais des Beaux-Arts est un des plus beaux musées de France, sa scène musicale et artistique est plus qu'active, ses traditions, qu'il s'agisse des géants, de son incontournable Braderie ou de sa gastronomie, sont manifestement vivantes et appréciées.

Une métropole puissante

En intégrant 85 communes voisines comprenant plus d'un million d'habitants, **Lille Métropole** joue plus encore la carte de la complémentarité. On ne vient plus à Lille mais dans une agglomération

R. Soberka/hemis.fr

Animation assurée pendant la Braderie.

dense et vaste, qui va même jusqu'à grignoter la frontière belge, bien desservie par un réseau de transports en commun. De ce fait, l'offre de Lille s'est étoffée. En passant sans difficulté d'une commune à l'autre, on visite La Piscine de Roubaix le matin et le LaM de Villeneuve d'Ascq ou le Louvre-Lens l'après-midi, avant de dîner dans un estaminet du Vieux Lille et de partager une bière brassée sur place dans un des nombreux bars très fréquentés du centre... Car tout le monde vous le dira, dès que la température se réchauffe un tant soit peu, les Lillois vivent dehors et l'on constate très vite que leur sens de la fête, comme leur hospitalité, ne sont pas des qualités usurpées !

Lille centre★★

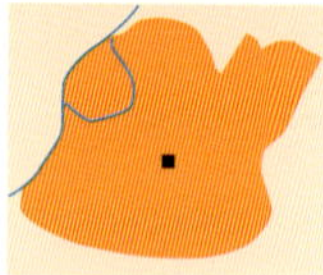

C'est dans ce quartier central et finalement relativement récent, puisqu'il a émergé au milieu du 19e s., que bat le cœur de la métropole lilloise. Il bat dans un astucieux mélange de bâtiments historiques d'époques très différentes : on délaisse facilement le Moyen Âge pour les années 1930 juste en traversant la rue de Paris, en passant de l'Hospice Gantois à l'hôtel de ville. Pourtant l'ensemble crée une unité. C'est évidemment autour de la Grand'Place, elle aussi chahutée par l'histoire entre sa magnifique Vieille Bourse et l'immeuble imposant de « La Voix du Nord », que l'âme de Lille se joue : dans ses restaurants, dans ses cafés, autour de ses rues piétonnes et commerçantes, toujours fréquentées, de jour et jusqu'à très tard si l'on pousse jusqu'à la rue de Solférino, fief des nuits étudiantes agitées et arrosées.

▶**Accès :** Délimité au nord par le Vieux Lille et le bd Carnot qui mène à Roubaix, par Euralille à l'est, par la rue de Solférino et le quartier St-Sauveur au sud et à l'ouest, Lille Centre est parfaitement desservi par les deux lignes de métros et la Liane (bus).

Plan de quartier p. 26. Plan détachable E4-5.

▶**Conseils :** Lille Centre mérite deux visites. En journée quand la ville est très animée et les commerces ouverts, le soir pour ses bars et ses restaurants variés.

« Nos adresses » p. 70, 79, 84, 92 et 97.

PALAIS RIHOUR

E4 *Pl. Rihour - ✆ 0 891 56 20 04 (0,225 €/mn) - www.lilletourism.com - ♿ - 9h30-18h, dim. et j. fériés 10h-12h, 14h-17h - fermé 1er janv., 1er Mai, 25 déc. - possibilité de visite guidée - gratuit.*

De style gothique, il fut construit entre 1454 et 1473 pour Philippe le Bon et témoigne de l'époque où les ducs de Bourgogne régnaient sur la ville. Le bâtiment a ensuite abrité à partir de 1664 la mairie de la ville jusqu'à sa destruction par un incendie en 1916. Il ne reste de l'immense construction originelle qu'un escalier d'honneur et deux chapelles superposées ainsi qu'une belle façade ornée de fenêtres à meneaux et d'une tourelle octogonale de brique. À l'intérieur, la salle des Gardes, qui abrite l'**office de tourisme**, est voûtée d'ogives élancées *(rdc)*. Au-dessus, la chapelle dite « salle du Conclave » *(étage)* et l'oratoire ducal sont desservis par une cage d'escalier en pierre aux voûtes en réseau.

RUE RIHOUR

E4 Cette allée piétonne, qui relie la place Rihour à la Grand'Place, est bordée de cafés et de restaurants très

Terrasses de café sur la Grand'Place avec le beffroi de la chambre de commerce et d'industrie.
R. Soberka/hemis.fr

LANCEL
LANCEL
HARDI
COQ HARDI

fréquentés. Sur la gauche, les façades sont caractéristiques de l'architecture du 17e s. où se mêlent les influences flamande et française.

GRAND'PLACE★★ (PL. DU GÉNÉRAL-DE-GAULLE)

E4 Ancienne place du marché au Moyen Âge, la Grand'Place a toujours été le centre de l'activité lilloise. À l'entrée, directement sur la droite, s'élève le **théâtre du Nord**, installé dans la **Grand'Garde** (1717), un ancien bâtiment de corps de garde de style classique. Derrière l'imposante façade du bâtiment suivant (1936) se loge le siège du quotidien **La Voix du Nord** lancé en 1944. Sur le terre-plein central, la **colonne de la Déesse** (1845), tenant un boutefeu, symbolise la résistance héroïque de Lille lors du siège en 1792.

À gauche, le **Furet du Nord**, l'une des plus grandes librairies d'Europe : 7 000 m² de livres et produits culturels !

VIEILLE BOURSE★★

E4 Jouxtant le flanc nord-est de la place, la Vieille Bourse fut construite en 1653 à la demande des commerçants ; elle devait rivaliser avec les Bourses des grandes villes des Pays-Bas. 24 maisons à mansardes encadrent une cour rectangulaire où avaient lieu les transactions. Julien Destrée, qui a conçu l'ensemble et décoré les façades, était sculpteur sur bois. Les guirlandes, mascarons, grappes de fruits et chutes de fleurs qui ornent la façade de la Vieille Bourse évoquent un bahut flamand. Sous les arcades, bustes en bronze, médaillons, angelots et cartouches honorent les sciences. La cour intérieure est ouverte tous les après-midi (sf lun.) pour accueillir un marché aux livres d'occasion, parfois des joueurs d'échecs. Soirées tango les dim. d'été 19h-22h.

Remarquez en face la très belle vitrine Art nouveau de la bijouterie Bossut **(À la Cloche d'Or)**.

PLACE DU THÉÂTRE

E4 Elle apparaît dans le prolongement de la Grand'Place et doit son nom à un théâtre détruit par un incendie en 1903.

En 1907, l'architecte lillois Louis-Marie Cordonnier est chargé de construire à sa place un **opéra** de style Louis XVI (entièrement restauré en 2003), puis l'imposante **chambre du commerce et d'industrie** et son beffroi haut de 76 m, qu'il bâtit dans un style néorégionaliste inspiré du **rang du Beauregard**★, situé juste en face. Cet alignement de maisons à pilastres (1687) surmontés d'élégants cartouches est l'ensemble le plus caractéristique de l'architecture lilloise de la fin du 17e s., synthèse du style français et de la tradition locale.

De la place, belle perspective sur la **rue Faidherbe**, percée haussmannienne de 1870 pour relier la gare à la ville. Cette rue très commerçante accueille aussi de nombreuses manifestations culturelles ou autres. Elle laisse percevoir la façade de la gare

C. Parker/Design Pics/Photononstop

Opéra, place du Théâtre.

Lille-Flandres, qui est celle de l'ancienne gare du Nord de Paris, réalisée en 1846 et réédifiée ici en 1869.
Juste à côté, dans la rue Trulin, se trouve la statue de **Léon Trulin** (1934, Edgar Boutry), jeune patriote fusillé pour faits de trahison, par l'occupant allemand, lors de la Première Guerre mondiale.

RUE DE LA BOURSE

E4 Observez le bel ensemble de façades du 18e s., décorées d'anges joufflus et de masques au 1er étage. Au no 8, un hommage à Louis Blériot, natif de Cambrai et premier homme à avoir survolé la Manche en 1909.

RUE DE L'HÔPITAL-MILITAIRE

D4 Ancienne rue des Jésuites, elle perdit son nom quand l'hôpital militaire fut transféré dans le collège des Jésuites par ordonnance royale en 1781. Artère commerçante, riche en restaurants, elle relie aujourd'hui le centre plus récent au vieux centre lillois.

ÉGLISE SAINT-ÉTIENNE

D4 *47 r. de l'Hôpital-Militaire.* Chapelle baroque du collège des Jésuites (1610), elle devint église paroissiale St-Étienne, après la destruction de l'ancienne église qui bordait la Grand'Place (comme en témoignent les noms des rues de Débris-St-Étienne ou du Curé-St-Etienne). Remarquable chaire (1828) signée du sculpteur François Rude.

STATUE DU P'TIT-QUINQUIN

D4 *Sq. Foch - r. Nationale.* Hommage à la *Chanson pour dormir* (*L'canchon dormoire*, en patois) composée par Alexandre Desrousseaux en 1853, qui conte l'histoire d'une dentellière s'évertuant à faire dormir son bébé. C'est une réplique de la statue originale (sculptée par Eugène Desplechin en 1902) exposée à l'hôtel de ville.

PRÉFECTURE

D4-5 Édifice monumental signé Charles Marteau, la préfecture départementale et régionale a été construite de 1865 à 1905 à l'emplacement des anciennes fortifications, juste à la jonction de l'ancienne ville et de son extension vers les quartiers sud de Wazemmes, Moulins, etc., au milieu du 19e s.

RUE JEAN-SANS-PEUR

D5 Duc de Bourgogne et comte de Flandre, Jean Sans Peur est connu pour avoir commandité l'assassinat du frère du roi en 1407 (Louis d'Orléans), ce qui déclencha une nouvelle guerre entre la Bourgogne et la France. Il se rapprocha ensuite de Charles VI, et c'est lors d'une de leurs entrevues qu'il fut assassiné en 1419. La rue qui porte son nom a été percée en 1865 et prolongée jusqu'à celle de l'Hôpital-Militaire en 1910.

BOULEVARD DE LA LIBERTÉ

D4-E6 Large avenue dite « de l'Impératrice » lors de sa percée en 1865, le boulevard de la Liberté a changé de nom à la chute de l'Empire, en 1870. Cette artère longue de 1,6 km qui relie le parc Jean-Baptiste-Lebas à la citadelle Vauban, a vite été preemptée par la riche bourgeoisie lilloise qui y fit construire bâtiments et maisons de ville cossus, dont l'hôtel Delbecque (no 105) et les Bains lillois (no 219 ter) construits par Albert Baert (l'architecte de La Piscine de Roubaix), tous deux inscrits aux monuments historiques.

PLACE DE LA RÉPUBLIQUE

E5 Érigée sur les fossés d'enceintes des anciennes fortifications lors de l'agrandissement de Lille, en 1858, cette vaste place est ceinte au nord-ouest par la préfecture, bâtiment monumental en pierre blanche, et au sud-est par le palais des Beaux-Arts, qui abrite un des plus grands musées de France. Une vaste esplanade en jardin (jadis un parking) les sépare depuis 1983, date de la mise en service du métro et de la construction d'un amphithéâtre à l'air libre. Face à la place Richebé, l'hôtel des Postes.

PALAIS DES BEAUX-ARTS★★★

E5 *Pl. de la République - ✆ 03 20 06 78 00 - www.pba-lille.fr - ♿ - 10h-18h, lun. 14h-18h - fermé mar., 1er w.-end de sept., 1er janv., 1er Mai, 14 Juil., 1er nov., 25 déc. - possibilité de visite guidée (1h) - 7 € (-26 ans gratuit) - gratuit 1er dim. du mois - Ⓜ République-Beaux-Arts.* Construit entre 1887 et 1892, il fait face à la préfecture, place de la République, et présente sur 22 000 m² des collections exceptionnelles. Entre 1992 et 1997, le palais a fait l'objet d'une restauration. Les architectes Jean-Marc Ibos et Myrto Vitart lui ont rendu son volume original tout en créant de nouveaux espaces. À l'arrière a été édifié un **bâtiment-lame** de 70 m de long et 6,50 m de large, dont la façade en verre sérigraphié renvoie l'image du palais et lui rend la dimension initiale du projet, jamais réalisé. Il abrite notamment un café-restaurant *(au rdc)* et le cabinet des Dessins *(sur RV pour les chercheurs)*. Entre ces bâtiments s'étend le jardin : au centre, une dalle de verre laisse entrer la lumière vers la salle d'expositions temporaires située au-dessous. L'entrée mène à un vestibule éclairé par de grands lustres en verre coloré, dus à l'Italien Gaetano Pesce. Libre accès à l'atrium (librairie-boutique) et au café-restaurant *(entrée possible par le jardin, r. de Valmy)*.

Sous-sol

Escalier à droite au fond de l'atrium.
Archéologie – Œuvres du pourtour méditerranéen : Égypte, Chypre, Rome, Grèce (céramiques à figures noires).
Moyen Âge et Renaissance – Dans les galeries voûtées, la salle consacrée à l'Allemagne et à l'Autriche abrite un monumental retable dédié à saint Georges (Tyrol du sud, fin 15e s.). La salle suivante regroupe des œuvres françaises, italiennes et espagnoles du 12e au 15e s. : parmi les rares témoins de la sculpture romane de la région, fragments d'un haut-relief en calcaire figurant la Déposition de Croix; ivoires provenant d'abbayes du nord de la France, *Vieillard de l'Apocalypse* (St-Omer, vers 1100); fameux encensoir en laiton finement ciselé et doré (art mosan du 12e s.), formé de deux coupes hémisphériques avec au sommet les trois jeunes Hébreux. L'art gothique est abondamment représenté : une croix-reliquaire (1200-1220) qui contenait un morceau de la Vraie Croix; le superbe *Festin d'Hérode*, le plus beau bas-relief en marbre de Donatello conservé en France. Dans la galerie des Anciens Pays-Bas (15e et 16e s.), deux volets d'un triptyque de Dirk Bouts, pièces majeures de la collection, et le triptyque du *Bain mystique* de Jean Bellegambe.

A. Le Bot/Photononstop

La salle des sculptures françaises du 19e s. au palais des Beaux-Arts.

Plans-reliefs★ – La grande salle expose 15 plans-reliefs de villes situées à la frontière nord du « pré carré » à l'époque de Louis XIV. Sept sont **françaises** : Aire-sur-la-Lys, Avesnes (1822), Bergues, Bouchain, Calais (1690), Gravelines (1758) et Lille (1743). Sept sont **belges** : Audenarde (1746), où l'on remarque la précision des détails et des couleurs, Charleroi, Menin, Namur, Ostende, Tournai et Ypres. Enfin, la quinzième est **hollandaise** : Maastricht.

Rez-de-chaussée

Galerie de Céramique – *Au fond de l'atrium à gauche.* Belle collection de majoliques italiennes, de faïences de Nevers, Rouen, Lille, Strasbourg et du midi de la France, de Delft (belles bouteilles Flesch), de grès allemands et wallons, de porcelaines de Chine et du Japon.

Galerie de Sculpture – *Au fond de l'atrium à droite.* Dans la rotonde, le *Chevalier errant* de Frémiet ; à l'opposé, le *Napoléon Ier, protecteur de l'industrie* d'Henri Lemaire. Panorama de la sculpture française : David d'Angers *(Les Bienfaits de l'imprimerie en Europe*, maquettes pour le monument dédié à Gutenberg à Strasbourg érigé en 1840-1844), Préault (40 médaillons en bronze figurant des personnalités), Camille Claudel *(Giganti, Louise de Massary)* et Bourdelle *(Pénélope)*.

Premier étage

Peintures accrochées de façon chronologique, stylistique et thématique autour de l'atrium. *L'accrochage est régulièrement renouvelé.*

École flamande – Plusieurs toiles de Jordaens, traitant de genres différents : religieux *(Tentation de sainte Madeleine)*, mythologique *(L'Enlèvement d'Europe)* ou rustique *(Le Piqueur et ses chiens)* ; son étude de vaches sera reprise par Van Gogh. Parmi les tableaux d'autel : *Christ en Croix* de Van Dyck pour le couvent des Récollets, et la *Tentation de saint Antoine* de Teniers le Jeune. Chef-d'œuvre de Rubens : la *Descente de Croix*.

École française du 17e au 19e s. – Œuvres de Pieter van Mol *(Annonciation)* et de Charles de La Fosse *(Remise des clefs à saint Pierre)*. Petits formats de Philippe de Champaigne *(Nativité)*, La Hyre *(Paysage pastoral)*, Largillière *(Portrait de J.-B. Forest)*, Le Sueur et Chardin *(Le Gobelet d'argent)*. Toiles de Louis Watteau *(Vue de Lille)* et de son fils François *(Bataille d'Alexandre)*. Bel ensemble de Boilly : *Le Jeu du pied de bœuf, Le Triomphe de Marat* et portraits. Peintures néoclassiques de David *(Bélisaire demandant l'aumône)*, romantique de Delacroix *(Médée furieuse)*, réaliste de Courbet *(L'Après-dînée à Ornans)*, impressionniste de Monet *(Le Parlement de Londres)* et symboliste de Puvis de Chavannes *(Le Sommeil)*.

Galerie d'Arts graphiques – Cette galerie présente par roulement un choix de dessins issus du cabinet des Dessins du musée, riche de plus de 4000 feuilles.

Galerie d'Actualité – Ouverte sur l'atrium, cette galerie reçoit une sélection temporaire de peintures et de sculptures, et présente régulièrement les récentes acquisitions et restaurations du musée.

Galerie hollandaise – *Galerie donnant sur l'atrium.* Chefs-d'œuvre de Lastman *(Mise au tombeau)* et d'E. de Witte *(Intérieur de la Nieuwe Kerk de Delft)*. Natures mortes de Van der Ast et de Van Beyeren. Paysages de Ruisdael *(Le Champ de blé)* et de Van Goyen *(Les Patineurs)*. Scènes de genre.

Galerie italienne (16e au 17e s.) et Pavillon espagnol – *Moïse sauvé des eaux* de Johann Liss, une *Esquisse pour le Paradis* de Véronèse et le *Portrait d'un sénateur vénitien* du Tintoret illustrent la peinture vénitienne. L'école espagnole est d'une grande qualité : *Saint François en prière devant le crucifix* du Greco ; *Saint Jérôme* de Ribera ; *Les Jeunes* et *Les Vieilles*, remarquables toiles de Goya, féroce satire de son siècle.

RUE DE BÉTHUNE

E4-5 Magasins d'enseignes, brasseries typiques, cinémas, etc. Les commerces se succèdent dans cette avenue piétonne, l'une des plus célèbres et des plus fréquentées de la ville. Ancienne rue Notre-Dame, elle porte depuis 1793 le nom de la ville à laquelle elle mène. Jusqu'au milieu du 19e s., elle donnait sur la porte de Béthune (détruite vers 1920), désormais place Richebé, qui était une des principales portes d'entrée de Lille.

ÉGLISE SAINT-MAURICE★

E4 *Parvis St-Maurice - ✆ 03 20 06 07 21 - www.fraternitedesparvis.com - ♿ - 11h-18h, sam. 11h-19h, dim. 15h-19h30, j. fériés 15h-18h - possibilité de visite guidée sur demande (1h).*
C'est un bel exemple d'église-halle de style gothique (du 15e au 19e s.), aux cinq nefs d'égale hauteur. Dans la chapelle du faux transept gauche, le Christ de Pitié (16e s.) est recouvert d'un manteau de velours et vénéré sous le vocable de « Jésus flagellé ». Au milieu de la nef, admirez la superbe chaire en bois sculpté. Au sud de l'église, voyez la croix de St-Maurice (1729) et la maison du Renard (1660), et rue de Paris, au no 74, la maison des Trois Grâces.
L'église trône en plein cœur du centre piéton et commerçant de Lille, entre la gare Lille-Flandres et la rue de Paris.

RUE DE PARIS

E4-5
Prolongement urbain de la N 17, qui relie Lille à Paris, cette artère sillonne de la porte de Paris, au sud à la Vieille Bourse, en plein cœur de la ville. Elle dessert l'hôtel de ville et l'Hermitage Gantois, deux bâtiments emblématiques de Lille. Remarquez de beaux enfilements de façade (nos 34-36, 100-108b, 112-116, 120-122).
Au no 191, **ancien refuge de l'abbaye de Marchiennes** qui hébergeait les religieux de passage. Porche du 16e s., maison du 18e s.
Cour des Brigittines ***E5***, *69 r. Gustave-Delory*. Il faut traverser un passage couvert pour découvrir derrière, cachée, cette cour bordée de maisonnettes, un ancien couvent qui fût dit-on le théâtre d'événements surnaturels.

HOSPICE GANTOIS★

E5 *224 r. de Paris - ✆ 03 20 85 30 30 - www.hotelhermitagegantois.com - ♿ - visite guidée (1h) mar. 14h - tarif, se rens. - gratuit.*
Fondé en 1462 par Jean de la Cambe, dit Gantois, il a accueilli jusqu'en 1995 des personnes âgées défavorisées

et des malades, et abrite désormais un hôtel de prestige, entièrement rénové, alliant style d'époque et style contemporain. De l'extérieur, le pignon de la salle des Malades (15e s.) est encadré de bâtiments du 17e s. *(r. de Paris).* Remarquez les sculptures des vantaux de la porte (1664), typiques de l'abondance architecturale flamande. À l'intérieur, l'hôtel ouvre les portes de la salle des Malades (fresque du 15e s. et création de nouveaux vitraux en 2003, à partir de motifs anciens) et de la chapelle du 17e s., assez grande pour un hôpital. Admirez les tableaux anversois inspirés de Rubens et les boiseries du 18e s. La visite se poursuit dans les différentes cours (d'Honneur, des Sœurs...) et dans le salon des Sœurs, aujourd'hui transformé en salle de réception. Une extension, reprenant le style flamand, mais dans une version métallique résolument moderne, accueille le Spa.

PORTE DE PARIS★

E6 Construite de 1685 à 1692 par Simon Vollant en l'honneur de Louis XIV, dont elle célèbre la prise de Lille en 1667, elle faisait partie des remparts. C'est le seul exemple d'une porte de ville faisant office d'arc de triomphe. Côté faubourg, elle se présente comme une arcade décorée des armes de Lille (un lys) et de la France (trois lys). Au sommet, la Victoire s'apprête à couronner Louis XIV, représenté en médaillon. Côté ville, la porte ressemble à un pavillon.

HÔTEL DE VILLE ET BEFFROI★

EF5 Ⓜ *Mairie-de-Lille.*
Construit en 1927 par le Lillois Émile Dubuisson après l'incendie du palais Rihour, ce bâtiment aux dimensions grandioses mêle une architecture résolument flamande tout en utilisant un matériau moderne, le béton, pour la structure comme pour le décor.
Il s'organise autour d'une galerie longue de 143 m à la décoration Art nouveau et Art déco et accueille une riche collection d'art contemporain répartie dans tous ses espaces. Dans la salle du conseil, une fresque (1988) du peintre islandais Erró (1932) relate sous forme de bande dessinée l'histoire de la ville.
L'ensemble est dominé par le plus haut **beffroi**★ de la région (104 m) à la base duquel sont sculptés les deux géants de Lille, Lydéric et Phinaert. Y monter se mérite, mais la **vue** à 360° est superbe et l'audioguide intéressant. Après les 109 premières marches (env. 4 étages), l'ascension se poursuit soit par l'escalier (6 étages), soit par l'ascenseur d'époque. 20 marches plus haut, terrasse à l'air libre. *9h30-13h, 14h-17h30 - fermé lun., 1er janv., 1er Mai, 25 déc. - possibilité de visite guidée (45mn) - 6 € (enfant 4 €) - audioguide (2 €) et paire de jumelles (1 €).*

PAVILLON SAINT-SAUVEUR

F5 C'est l'aile du cloître (18e s.) conservée lors de la démolition d'un hospice, en 1959. Les arcades sont surmontées de hautes fenêtres à médaillons fleuris.

L'hôtel de ville et son beffroi.

NOBLE TOUR

F5 Ce donjon, seul témoin de l'enceinte du 15e s., est devenu un mémorial de la Résistance. Belle composition du sculpteur Bizette-Lindet.

CHAPELLE DU RÉDUIT

F6 Seul vestige du fort du Réduit, construit à la même époque que la citadelle, elle garde une jolie façade Louis XIV, ornée des armes de France et de Navarre.

MUSÉE DE L'INSTITUT PASTEUR DE LILLE

F6 Ⓜ *Lille-Grand-Palais - 24 bd Louis-XIV - ✆ 03 20 87 72 42 - www.pasteur-lille.fr - sur demande préalable uniquement au 03 20 87 72 42 ou service.communication@ pasteur-lille.fr - 3 €.*

Le musée retrace la vie et l'œuvre de Louis Pasteur et des deux découvreurs du BCG, Albert Calmette et Camille Guérin. Des objets, des gravures montrent les conditions de recherche et de travail de ces trois savants et témoignent de l'histoire de la vie scientifique lilloise.

ÉCOLE DES ARTS ET MÉTIERS

F6 Ⓜ *Lille-Grand-Palais - 8 bd Louis-XIV - ✆ 03 20 62 22 10 - www. ensam.eu - se rens. pour les visites (exceptionnelles).*

Son implantation a été décidée en 1885 mais le bâtiment construit par Jean-Louis Batigny n'a ouvert qu'en 1900, sur un terrain offert par la ville. Bombardé et occupé durant les deux guerres, l'ensemble est désormais classé. Il abrite un exemplaire de la machine à vapeur de Corliss, construite en 1900.

QUARTIER SAINT-SAUVEUR

Gare Saint-Sauveur

F6 *Bd Jean-Baptiste-Lebas - Ⓜ Lille-Grand-Palais - Bd Jean-Baptiste-Lebas - ✆ 03 28 52 30 00 - www. garesaintsauveur.com - ♿ - merc.-dim. 12h-19h, uniquement lors des expositions, se rens. - possibilité de visite guidée - expositions temporaires.*

Gérée par Lille 3000, cette ancienne gare de marchandises désaffectée a retrouvé la vie en 2009. Composé de deux grandes halles couvertes et d'un vaste parvis, ce lieu d'événements continus et de promenade familiale abrite un bar, un restaurant, une salle de projection, des jeux, et organise des concerts, des expositions temporaires...
À l'entrée, un gigantesque bambin joufflu en résine noire laquée est l'œuvre du collectif contemporain russe AES + F.

Boulevard et parc Jean-Baptiste-Lebas

E6-7 *Bd Jean-Baptiste-Lebas - ✆ 03 28 36 13 50 - ♿ - avr.-sept. : 7h30-22h ; reste de l'année : 7h30-21h - fermé w.-end de la Braderie, 1er janv., 25 déc.*

Ancien parking sauvage réhabilité par West 8, paysagistes de Rotterdam, cet espace de 3 ha est entouré de grilles rouges qui, par endroits, sont curieusement incrustées de bancs. Jeux pour enfants.

Musée d'Histoire naturelle et de Géologie

E6 *19 r. de Bruxelles - ℘ 03 28 55 30 80 - http://mhn.lille.fr - ♿ - 9h30-17h, w.-end 10h-18h - fermé mar., certains j. fériés - 3,80 € (-25 ans 2,60 €) - gratuit 1er dim. du mois.*

Créé en 1822, il a été enrichi au 20e s. par deux géologues de la région. Des squelettes de baleines et des reconstitutions d'animaux préhistoriques, dont un carnassier des mers de la période jurassique, vous accueillent à l'entrée. Expositions temporaires.

Zoologie – Ne manquez pas la salle des mammifères naturalisés. Des dioramas présentent la faune française (sangliers, biches, castors). Voyez dans l'insectarium les mygales, les scorpions... et dans la section ornithologique 5000 oiseaux, dont certains ont disparu.

Géologie – Fossiles et roches illustrent l'histoire de l'Europe du Nord, de 600 millions d'années à l'époque gallo-romaine, dans un espace muséographique entièrement modernisé (dioramas, écouteurs, microscopes...). Parmi les 100000 fossiles, roches et minéraux, remarquez les coquilles d'ammonites sciées et polies, les fossiles de poissons et crustacés, vieux de 95 millions d'années, trouvés au Liban, le fossile de l'oiseau primitif archéoptéryx et de la libellule datant du jurassique (150 millions d'années)... Les fossiles végétaux (extraits de puits miniers) sont les vestiges de la forêt qui couvrait la région voici 300 millions d'années. Une veine de charbon reconstituée évoque l'univers de la mine et ses ambiances sonores.

Maison Coilliot

D6 *14 r. de Fleurus - ne se visite pas.*

Elle fut construite en 1898 par Hector Guimard pour M. Coilliot, céramiste lillois. Elle illustre l'Art nouveau avec sa façade en lave émaillée, ses lignes courbes et la présence originale de son double toit.

Théâtre de Sébastopol

D6 *Pl. Sébastopol - ℘ 03 20 54 44 50 - www.theatre-sebastopol.fr - ouv. seult lors des représentations ou J. du patrimoine.*

Sa façade rouge sang, bordée de pierres blanches et atlantes, attire le regard ! Construit en 1903 et en 100 jours pour remplacer le Grand Théâtre qui venait de brûler, ce théâtre au style éclectique de 1350 places revendique une acoustique et une visibilité parfaite. Au programme : des chanteurs grand public, des humoristes, de l'opérette, du théâtre, de la danse classique...

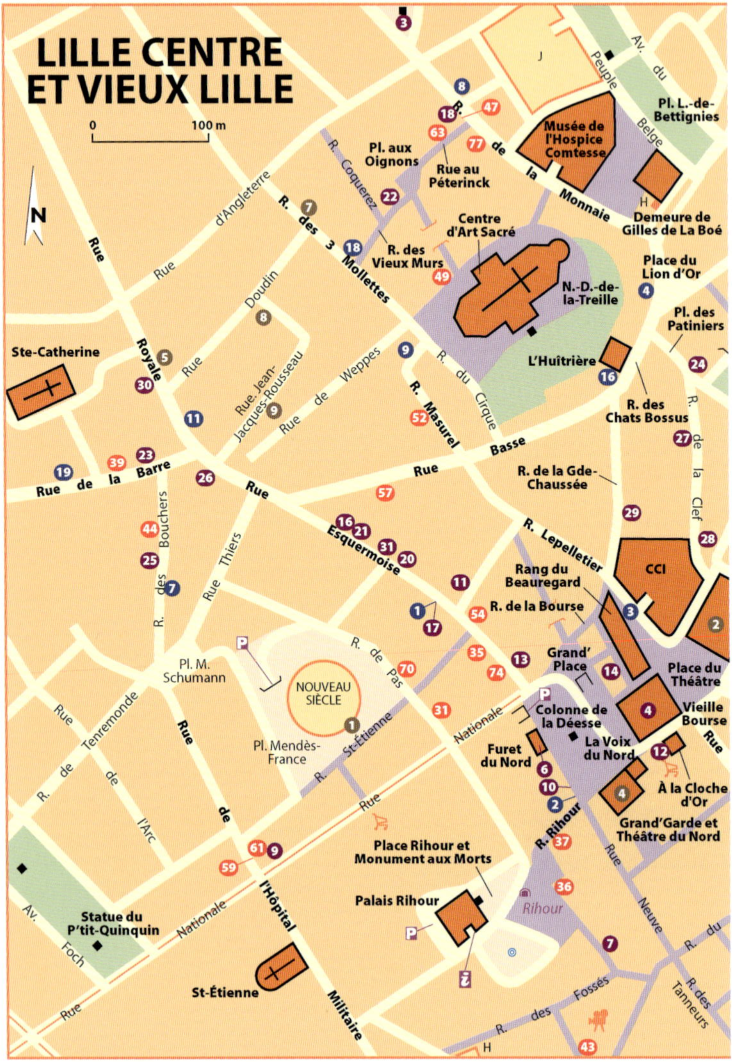
LILLE CENTRE
ET VIEUX LILLE
0
100 m
N
Musée de
l'Hospice
Comtesse
Pl. L.-de-
Bettignies
Av. du Peuple Belge
R. de la Monnaie
Pl. aux
Oignons
Rue au
Péterinck
R. Coquerez
R. des
Vieux Murs
Centre
d'Art Sacré
Demeure de
Gilles de La Boé
Place du
Lion d'Or
N.-D.-de-
la-Treille
Pl. des
Patiniers
L'Huîtrière
R. des
Chats Bossus
R. de la Clef
R. des 3 Mollettes
Rue d'Angleterre
Rue Doudin
Rue Jean-
Jacques-Rousseau
Rue de Weppes
R. Masurel
R. du Cirque
Rue Basse
Ste-Catherine
Rue Royale
Rue de la Barre
R. des Bouchers
Rue Esquermoise
R. de la Gde-
Chaussée
R. Lepelletier
Rang du
Beauregard
R. de la Bourse
CCI
Rue Thiers
R. de Pas
Pl. M.
Schumann
NOUVEAU
SIÈCLE
Pl. Mendès-
France
R. St-Étienne
Grand'
Place
Place du
Théâtre
Colonne de
la Déesse
Vieille
Bourse
La Voix
du Nord
Furet
du Nord
À la Cloche
d'Or
Grand'Garde et
Théâtre du Nord
Rue Nationale
Rue de Tenremonde
R. de l'Arc
Rue de l'Hôpital Militaire
R. Rihour
Rue Neuve
Place Rihour et
Monument aux Morts
Palais Rihour
Rihour
Av. Foch
Statue du
P'tit-Quinquin
St-Étienne
R. des Fossés
R. du
R. des Tanneurs

SE RESTAURER

- Assiette du Marché (L')... 77
- Arrière-Pays (L')... 57
- Barbier qui Fume (Le)... 47
- Barbue d'Anvers (Le)... 35
- Basilic Café... 54
- Bloempot... 44
- Bottega (La)... 63
- Brasserie La Chicorée... 37
- Brasserie La Paix... 36
- Domaines qui Montent (Les)... 61
- Écume des Mers (L')... 70
- Goût du Jour (Au)... 39
- Jour de Pêche... 31
- Melting Pot (Le)... 51
- Moules (Aux)... 43
- Omnia... 74
- Peek a Boo... 59
- Tous les Jours Dimanche... 52
- Vivat Factory... 49

PRENDRE UN VERRE

- À l'Huîtrière... 16
- BD + Café... 11
- Caféine Coffee... 18
- Clarance... 19
- Imaginaire (L')... 4
- Méo 7... 2
- Monsieur Jacques... 10
- Moulin d'Or (Au)... 3
- Patronne (La)... 7
- Part des Anges (La)... 8
- Parvis de la Treille (Le)... 9
- Pâtisserie Meert... 1
- Unami... 5

SORTIR

- Capsule (La)... 7
- Illustration (L')... 5
- Kremlin (Le)... 8
- Opéra de Lille... 2
- Orchestre national de Lille... 1
- Pirogue (La)... 9
- Théâtre du Nord... 4

SHOPPING

- Abbaye des Saveurs (L')... 22
- Alex Croquet... 21
- Atelier de la Sorcière Verte (L')... 28
- Botte Chantilly (La)... 29
- Boulangerie-pâtisserie Valérie et Raphaël Brier... 26
- Café Méo... 10
- Chat Bleu (Au)... 12
- Chocolat de Beussent-Lachelle... 13
- Chocolat Passion... 9
- Cousines de Léon (Les)... 30
- Estaminette (L')... 23
- Fromager Delassic... 24
- Furet du Nord (Le)... 6
- Gallodorme (Le)... 7
- Jean Trogneux... 14
- Marché aux livres anciens... 4
- Marché du Vieux Lille... 3
- Merveilleux de Fred (Aux)... 18
- Pain de nos Ancêtres (Le)... 25
- Pâtisserie Meert... 17
- Phillippe Olivier... 11
- Poppy Milton... 31
- Rocambole... 27
- Tirloy... 16
- Vins Gourmands (Les)... 20

Le Vieux Lille★★★

C'est incontestablement l'atout charme de Lille, son quartier le plus pittoresque et le plus attrayant. Pourtant, tous les Lillois vous le diront, le Vieux Lille n'a pas toujours été fréquentable. Jusqu'à la fin des années 1970, c'était l'endroit le plus mal famé et le plus sale de la ville, quasiment laissé à l'abandon. Une grande opération de restauration de son patrimoine architectural a permis de remettre en valeur ses vastes demeures bourgeoises aux façades décorées, aux pignons travaillés et aux couleurs chatoyantes quand elles se mêlent à la brique et parfois à la pierre, et dont la place Louise-de-Bettignies reste le plus bel exemple. Il faut prendre le temps de se perdre dans le dédale de ses ruelles tortueuses avant de s'attabler dans un des multiples restaurants ou bars qui donnent, à la nuit tombée, toute son ambiance à ce quartier aujourd'hui très recherché et très fréquenté.

▶**Accès :** Installé dans une boucle de la Deûle, le Vieux Lille est un peu isolé. Aucun métro ne le dessert directement même si la station Rihour n'est qu'à cinq minutes de marche. À vrai dire le quartier se visite à pied. Toutefois, une navette électrique (dép. palais Rihour) s'arrête à la demande et, pour le prix d'un billet Zap (moins de 1 €), parcourt en boucle le Vieux Lille, du lundi au samedi de 7h à 21h.

Plan de quartier p. 26. Plan détachable DE2-3-4.

▶**Conseils :** Les visites guidées du Vieux Lille partent de l'office de tourisme, place Rihour. À visiter en journée pour la richesse architecturale, en soirée pour profiter des bars, des restaurants très fréquentés et de l'ambiance.

« Nos adresses » p. 73, 80, 87, 93 et 98.

RUE LEPELLETIER

E4 Du nom d'un député de la Révolution, cette artère commerçante qui rallie la place du Théâtre à la rue Basse est une des rues du Vieux Lille où se pressent les enseignes de luxe. Au-dessus de ces magasins, on reconnaît les typiques pignons triangulaires en escalier des maisons anciennes de Lille, parfois savamment décorées de peintures vives et/ou de sculpture baroques. L'ensemble situé aux n°s 1 à 5 est remarquable.

RUE MASUREL

E3 Prolongement de la rue Lepelletier, cette ruelle sinueuse et pleine de charme est typique de cette partie du Vieux Lille, compris entre la Grand'Place et la cathédrale N.-D.-de-la-Treille qui n'est autre que l'ancien castrum. Les maisons y sont anciennes, datant du début du 17e s. Elle porte le nom de Bartholomé Masurel, qui dota la ville d'un mont-de-piété municipal en 1607.

Rue dans le Vieux Lille.

CATHÉDRALE NOTRE-DAME-DE-LA-TREILLE★

E3 Pl. Gilleson - ✆ 03 20 31 59 12 - www.cathedralelille.com - ♿ - juil.-août : 12h-20h ; reste de l'année : 10h-18h30 - fermé certains j. fériés - gratuit - possibilité de visite guidée (1h) sur demande à cathedraledelatreille@gmail.com.

Longtemps, Lille n'a pas eu de cathédrale. Ce n'est qu'en 1854 que surgit l'idée d'en bâtir une grandiose à l'emplacement du château primitif des comtes de Flandre. Cette basilique dédiée au culte de la Vierge s'est vu imposer un style gothique du 13e s., celui des cathédrales de Reims, d'Amiens ou de Chartres. Le projet, pharaonique au départ, a été réduit à des dimensions plus modestes à cause des difficultés financières et des guerres. Consacrée cathédrale en 1913, la construction, dont la façade est tout en béton, n'a finalement été achevée qu'en 1999 grâce à une souscription publique.

Conçue par l'architecte lillois Pierre-Louis Carlier, la façade principale se compose d'une ogive de 30 m de haut, tapissée de 110 plaques translucides de marbre blanc, une véritable prouesse technique ! Elle est surmontée d'une rosace dessinée par l'artiste Ladislas Kijno et illustrant la Résurrection.

Le **portail en bronze**★★, œuvre ultime de Georges Jeanclos (mort en 1997), est à la fois épuré et émaillé de corps ployés, arc-boutés. Dans le chœur, la statue de Notre-Dame de la Treille domine l'autel. Autour de la nef se succèdent plusieurs petites chapelles. Table en granit rose des Vosges et retable en orfèvrerie émaillée et ciselée dans la chapelle St-Joseph, trois verrières consacrées aux trois patrons corporatifs les plus honorés à Lille (Arnoult, Éloi et Nicolas) dans la chapelle Ste-Anne, bas-reliefs retraçant l'histoire de Flandre et de Lille dans la chapelle Charles-le-Bon, mosaïques rurales célébrant les sciences de la vérité dans la chapelle St-Jean-l'Évangéliste.

La Ste-Chapelle s'illumine de onze verrières consacrées à la vie de la Sainte Vierge. Dans la travée gauche, maquette de la cathédrale datée de 1912.

Le grand orgue, qui provient de la Maison de la radio de Paris, est un des quatre plus grands de France.

Au sous-sol, la crypte accueille le centre d'Art sacré.

CENTRE D'ART SACRÉ

E3 Ⓜ Rihour - Pl. Gilleson - ✆ 03 20 31 59 12 - www.cathedralelille.com - ♿ - sem. de Pâques, de fin juin à déb. sept. et nov.-déc. : w.-end 14h30-18h30 - fermé certains j. fériés - possibilité de visite guidée (30mn) - dates et horaires susceptibles d'être modifiés en fonction des expositions, se rens. à cathedraledelatreille@gmail.com.

Dans la crypte de la cathédrale, au sein d'un espace en béton brut des années 1930, est installée la collection unique au monde que Gilbert Delaine, un Dunkerquois, a commandé à des artistes contemporains sur le thème de la Passion du Christ. Des 124 artistes ayant participé, les plus célèbres sont Georg Baselitz, Lucio Fontana, Robert Compas ou Andy Warhol.

RUES DES TROIS-MOLETTES, DES VIEUX-MURS ET AU PÉTERINCK

DE3 Ce petit dédale de ruelles, situé à l'ouest de la cathédrale, est lui aussi typique du castrum, le centre urbain primitif à partir duquel Lille s'est construite. Les « vieux murs » sont les premières fortifications de la ville, les Trois Molettes sont les trois poulies d'un puits qui permettaient de tirer l'eau plus vite. Quant « au Péterinck », ce n'est qu'une déformation du mot pétrin, puisque c'est dans cette rue minuscule que la farine nécessaire à l'hospice Comtesse tout proche était pétrie.

RUE DE LA MONNAIE★

E3 L'hôtel des Monnaies, construit sur ordre de Louis XIV en 1685, se trouvait dans cette rue où s'alignent des maisons du 18ᵉ s. *(côté gauche).* Au nº 3, le mortier et l'alambic servaient d'enseigne à un apothicaire. Les maisons suivantes (nᵒˢ 5 à 9) sont décorées de dauphins, de gerbes de blé, de palmes... Au nº 8, statue de Notre-Dame de la Treille. Pignons à pas de moineaux aux nᵒˢ 12 et 14. Les maisons suivantes datent du début du 17ᵉ s. et encadrent le portail à bossages (1649) de l'hospice Comtesse.

MUSÉE DE L'HOSPICE COMTESSE★

E3 *32 r. de la Monnaie - ✆ 03 28 36 84 01 - http://mhc.lille.fr - ♿ - 10h-18h, lun. 14h-18h - fermé mar., w.-end de la Braderie, certains j. fériés - 3,60 € (12-25 ans 2,60 € ; -12 ans gratuit et 1er dim. du mois) - audioguide 2 € - possibilité de visite guidée (1h) 2e sam. et 4e dim. du mois 15h.*

Sa fondatrice, Jeanne de Constantinople, était comtesse de Flandre. Elle fit édifier un hôpital en 1237. Le bâtiment, incendié en 1468, est reconstruit, puis agrandi aux 17ᵉ et 18ᵉ s. Transformé en hospice en 1789, puis en orphelinat, il abrite à présent le musée régional d'Histoire et d'Ethnographie, ainsi qu'un lieu d'expositions et de concerts. On entre par le portail monumental (17ᵉ s.), une « gresserie » à bossages.

Salle des Malades – *Dans la cour d'honneur.* De récentes restaurations de toiture ont conduit à une extraordinaire découverte : il s'est avéré que la salle des Malades était auparavant surmontée d'une guette et d'une flèche en ardoise déposées au 18ᵉ s., car l'ensemble menaçait de crever la toiture. Les éléments ont été reconstitués et posés comme à l'ancienne. Aujourd'hui, ce long bâtiment reconstruit après 1470 sur les fondations du 13ᵉ s. accueille des expositions temporaires. La **chapelle** a été agrandie et séparée par un jubé après l'incendie de 1649. À l'intérieur, le vaisseau frappe par sa **voûte en carène**★★ faite de bois lambrissé. Deux tapisseries, tissées à Lille en 1704, méritent l'attention. L'une montre Baudouin IX, comte de Flandre et du Hainaut, avec son épouse et ses deux filles, et l'autre Jeanne, la fondatrice, entourée de son premier et de son second mari.

Musée – *Dans l'aile droite.* Baptisé « bâtiment de la communauté » (fin du 15e s.), il a été surélevé au 17e s. Meubles et objets d'art évoquent l'atmosphère flamande d'une fondation pieuse au 17e s. Cuisines revêtues de faïences bleutées de Hollande et de Lille. Dans le réfectoire, le manteau de cheminée baroque encadre une Nativité (16e s.), copie d'une peinture de Martin De Vos exposée à Anvers. Nature morte, table à pieds, balustres, niche abritant une Vierge à l'Enfant et armoire à deux corps. Le **parloir**, récemment restauré, est orné de sobres lambris décorés d'ex-voto du 17e s. et de portraits des ducs de Bourgogne. Les appartements de la prieure, recelant des boiseries Louis XV, ont été harmonieusement réaménagés en pièces d'ambiance. Armoire à linge, vases de Delft, bureau à secrets et fauteuil, bougeoirs, encrier et coffret. La pharmacie (cruche, pichet, chevrette, chauffe-plats, etc.) et la lingerie (vaisselle du 17e s.) constituent les deux dernières pièces du rez-de-chaussée.

Au 1er étage, l'ancien dortoir présente, sous son plafond à poutres sculptées, des peintures flamandes et hollandaises du 17e s. et un beau christ picard (16e s.). De part et d'autre du dortoir, deux salles évoquent l'histoire régionale : éléments d'architecture, porte lilloise du 17e s. en bois et en fer, tambour de la garde nationale, tableaux de Louis et François Watteau représentant Lille au 18e s.

PLACE LOUISE-DE-BETTIGNIES

E3 Elle porte le nom d'une résistante héroïque de la Grande Guerre.
Au n° 29, à l'angle de la place, la **demeure de Gilles de La Boé★**, un épicier grossiste, est richement ornée de corniches et de frontons en saillie (1636), parée de rouge, noir et or. Elle bordait un port sur la basse Deûle, actif jusqu'au 18e s. La rivière fut comblée en 1936. Elle a fait place à l'avenue du Peuple-Belge, où s'élève la tour du palais de justice.

RUE ET PORTE DE GAND

E2-3 Dans le prolongement de la place Louise-de-Bettignies, une des plus célèbres rues de Lille, réputée pour ses nombreux restaurants. C'est simple : on peut y manger à pratiquement chaque pas-de-porte. Très fréquentée le soir, elle monte légèrement vers une porte construite sous l'occupation espagnole, puis agrandie par Vauban en 1670. Amputée de son décor mais toujours bien intégrée aux remparts, cette porte un peu sévère abrite un restaurant gastronomique à l'étage.

PLACE DU LION-D'OR

E3 Au n° 15, remarquez la maison des Poissonniers, qui date du 18e s.
La toute petite **place des Patiniers** est bordée de boutiques,

Jardin derrière le musée de l'Hospice Comtesse

aux maisons colorées alignées les unes contre les autres.

HÔTEL D'AVELIN

E3 *22 r. St-Jacques - ne se visite pas.* En quelques années, Michel Joseph Lequeux (1753-1786) a posé sa marque sur l'architecture classique de Lille, en réalisant d'élégants hôtels néoclassiques ainsi que le Grand Théâtre détruit en 1903 par un incendie. L'hôtel d'Avelin (1777) est à la fois sa première et sa grande œuvre. Résidence des comtes d'Avelin, elle brille par ses arêtes vives compensées par des masses nues et épurées et abrite aujourd'hui le rectorat.

RUE DES CHATS-BOSSUS

E3 Elle doit son nom à une vieille enseigne de tanneurs. À l'**Huîtrière**, à la fois poissonnerie et bar à huîtres (*p. 82*), présente une façade et un intérieur Art déco (1928).

RUE DE LA GRANDE-CHAUSSÉE

E3-4 Les « gresseries » à arcades ont été rénovées, et les magasins de luxe y ont installé leurs vitrines. Quelques balcons en fer forgé et les dessus-de-fenêtre sont ouvragés. Remarquez la première maison à droite et les n°s 9, 23 et 29.

RUE BASSE

E3 Ainsi nommée en raison de sa situation encaissée. Façades classées aux n°s 11, 16, 33 et 45.

RUE ESQUERMOISE

DE4 Une des rues principales du Vieux Lille. Bordée de maisons des 17e-18e s. Aux n°s 6 et 4, les Amours s'embrassent ou se tournent le dos selon qu'ils appartiennent ou non à la même maison. En face, la belle demeure restaurée était celle du fourreur. Aux n°s 25-27, la célèbre **pâtisserie Meert** (*p. 79 et 87*).

RUE DE LA BARRE

D4 Ligne de démarcation d'un ancien faubourg, cette rue abrite deux anciens couvents, celui des Madelonnettes au n°s 39-41, et l'arrière de celui des Minimes, reconverti en hôtel. Autres façades remarquables, classées aux n°s 3, 15, 55 et 77.

QUAI DU WAULT

D4 **Couvent des Minimes** – L'ordre des Minimes a commencé à s'établir à Lille au tout début du 17e s., dans deux maisons situées rue de la Barre. Il possède vite assez de terrains pour construire un vrai couvent doté d'un cloître puis d'une chapelle, qui fut désaffectée en 1791 et abrita ensuite l'intendance des armées. Transformé en hôtel de standing en 1988, l'ancien cloître recouvert d'une grande verrière accueille le bar et le restaurant de l'Hôtel Alliance (*Nos adresses p. 93 et 100*).
À l'extérieur, un bassin rappelle que le **quai de Wault** était un des deux ports de Lille, celui de la haute Deûle, en fonction du 14e au 18e s., jusqu'à ce

que le canal de l'Esplanade (1750) soit creusé afin de faciliter la circulation des marchandises entre la basse et la moyenne Deûle.

RUE SAINTE-CATHERINE

D3 L'**église Ste-Catherine**, de style gothique flamboyant et construite à compter de la fin du 15e s., possède la plus ancienne cloche de Lille, fondue en 1403. Plusieurs fois réaménagée, pillée à la Révolution, cette église à 3 nefs dont la tour austère a longtemps servi de vigie, renferme quelques tableaux notoires, notamment *Le Reniement de saint Pierre* et *Le Christ au jardin des Oliviers* de Victor Mottez, une série de quatre pièces dite des *Docteurs de l'Église*, attribuée au Flamand Gérard Seghers.

HÔTEL DE CRAYENCOUR

D3 *26 r. Jean-Moulin - ne se visite pas.* Hôtel particulier aujourd'hui divisé en appartements, qui appartenait autrefois aux grands-parents paternels de Marguerite Yourcenar et qu'elle décrit dans *Le Labyrinthe du monde.*

RUE ROYALE

D2-3 Jadis voie principale d'un élégant quartier aménagé au 18e s. entre la citadelle et la vieille ville. À droite, au fond, s'élève le clocher de l'**église St-André**.
Les beaux hôtels particuliers qui bordent la rue sont marqués par l'influence française. Au n° 68, l'ancien hôtel de l'Intendance fut bâti en 1787 par l'architecte lillois Lequeux. Au n° 75, la Banque de France a installé ses bureaux dans l'hôtel d'Hespel (1893).

RUE VOLTAIRE

D2-3 Elle porte le nom de Voltaire depuis 1831, en hommage à l'écrivain et philosophe, dont la tragédie *Mahomet* a été jouée pour la première fois à Lille, dans une salle de la rue de la Vieille-Comédie vers 1742.

HALLE AUX SUCRES

D2 *1 r. de l'Entrepôt.*
Imposante bâtisse en briques rouges qui occupe tout un pâté de maison situé entre les rues de la Halle et de l'Entrepôt, aujourd'hui reconverti en édifices publics : la mairie du quartier du Vieux Lille, la poste et l'**espace Le Carré** (à l'angle de la rue de la Halle et de la rue des Archives), un lieu temporaire d'exposition de collectif d'artistes contemporains locaux *(entrée libre - merc.-sam. 14h-19h, dim. 10h-13h - ☎ 03 20 74 46 96 - elc.mairie-lille.fr).*

MAISON NATALE DE CHARLES DE GAULLE★

D2 *9 r. Princesse - ☎ 03 59 73 00 30 - http://lenord.fr/maisondegaulle - visite guidée sur demande (45mn) - 10h-12h, 14h-17h, dim. 13h30-17h - fermé lun.-mar., 1er janv., 1er Mai, 25 déc. - 6 € (-18 ans gratuit) - avec audioguide, gratuit 1er dim. du mois. Bus lignes 10, 14 ou 58.*

Dans cette maison en briques chaulées, le grand-père maternel de Charles de Gaulle tenait une fabrique de dentelles. Sur les 25 pièces qui constituent la maison, on visite une partie des lieux à vivre où sont restés inchangés le mobilier et les souvenirs. Des vidéos ou documents sonores complètent la visite. Dans l'autre partie de la maison, chaque année, une exposition temporaire revient sur les différentes étapes de la vie de Charles de Gaulle.

JARDIN ÉCOLOGIQUE

D1 *En haut de la r. du Guet - ☎ 03 20 40 21 80 - http://jardin-ecologique.org - printemps-été : 10h-12h, 14h-18h, w.-end 15h-18h ; automne-hiver : 10h-12h, 14h-17h, w.-end 15h-17h30.*

Ouvert en 1985, ce jardin, le premier du genre en France, est un mélange de jardin et de friche où la nature s'exprime librement, sans entretien chimique, ni intervention massive de l'homme. Dans cet écosystème préservé, ce sont les insectes, plantes et animaux locaux qui font tout le boulot, parfois un peu aidé par le visiteur !

HOSPICE GÉNÉRAL

E2 *104 av. du Peuple-Belge - ☎ 03 20 44 59 62 - http://patrimoinehospitalierdunord.eklablog.fr - visite certains jeu. avec l'association du Musée hospitalier régional de Lille.*

Ancien hôpital construit par l'architecte Pierre Vigné de Vigny entre 1738 et 1780, ce bâtiment classique remarquable long de 140 m et inspiré des Invalides, a été agrandi au 19e s. et reconverti en hospice au début du 20e s. Transformé en maison de retraite jusqu'en 1988, il accueille depuis 1996 les étudiants de l'Institut d'administration des entreprises de Lille.

RUE DU PONT-NEUF

E2 Au 17e s., le Vieux Lille s'agrandit et passe la Deûle, grâce à ce pont, nouvellement construit sur les plans de Simon Vollant. Il comporte six arches, dont deux sont réservées à la circulation, tandis que la Basse Deûle coule sous les deux arches centrales.

ÉGLISE SAINTE-MARIE-MADELEINE

E2 *R. du Pont-Neuf - ☎ 03 20 49 52 81 - visite lors des manifestations.*

Construite entre 1675 et 1707, cette église mélange tous les styles : sa façade est baroque, son dôme et ses colonnes ioniques et doriques inspirés de la Grèce antique, sa décoration intérieure de Renaissance flamande. Son chœur a gardé sa décoration d'origine : *La Résurrection de Lazare*, offert par l'artiste Jacob van Oost le Jeune, alors marguillier de la paroisse, et quatre tableaux encastrés dans les boiseries représentant des épisodes de la vie de la Madeleine par André Corneille Lens (1777).

Familièrement surnommée la Grosse Madeleine à cause de sa silhouette trapue, elle est désaffectée du culte depuis 1989 et est devenue un lieu d'expositions à la faveur de Lille 2004.

Cour intérieure de la maison natale de Charles de Gaulle.

Quartier Vauban et Citadelle★

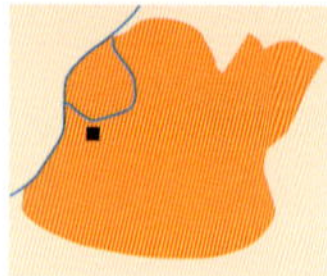

Dominé par la magnifique citadelle dessinée par Vauban, ce quartier est le poumon vert de la ville. Le bois de Boulogne qui entoure la forteresse, les bords de la rivière ou l'immense Champ-de-Mars sont à deux pas du centre de Lille. Ici, on respire, on se promène et les enfants jouent… avant d'y étudier, car un peu plus au sud siège la très réputée université catholique. D'autres établissements scolaires se sont installés dans ce quartier a priori résidentiel, lui donnant ainsi une vitalité bienvenue.

▸**Accès :** L'absence de métro est palliée par des bus, le n° 12 en particulier. Grand parking au Champ-de-Mars.

Plan détachable BC3-4-5.

▸**Conseils :** Renseignez-vous auprès de l'office de tourisme sur les possibilités de visite guidée de la citadelle. Belles balades dans le parc.

« Nos adresses » p. 76, 83, 94 et 100.

CITADELLE★

C3 *Av. du-43e-R.-I. - 0 891 56 20 04 (0,225 €/mn) - www.lilletourism.com - visite guidée (1h) sur demande préalable certains dim. 15h et 16h30, se rens. - 7,50 € - billetterie à l'office de tourisme, RV devant la Porte royale de la citadelle.*

Au cœur du plus grand espace vert de Lille, la « Reine des citadelles » est la première réalisation de Louis XIV après la conquête de Lille. Le chantier occupa 2000 hommes pendant trois ans (1667-1670). Cinq bastions et cinq demi-lunes, que protègent des fossés autrefois alimentés par la Deûle, défendent une véritable ville dans la ville.

On entre par la **Porte royale** qui donne sur une vaste place d'Armes pentagonale, cernée par les bâtiments de Simon Vollant (1622-1694) : chapelle classique, logements d'officiers et superbe arsenal. Ces édifices en grès, brique et pierre sont représentatifs du style franco-lillois au 17e s. La contre-garde du Roy a été rénovée en 2013. Autonome, la citadelle avait ses puits et ses commerces (boulangerie, brasserie, tailleurs, cordonniers…). Dans le square Daubenton, le **monument aux Fusillés**, dû à Félix Desruelles, exprime la noble attitude des patriotes lillois exécutés en 1915 (voir également la plaque à la mémoire de Léon Trulin, dans le fossé septentrional (*p. 17*). Les remparts, dont on peut faire le tour, sont aujourd'hui aménagés en agréable promenade.

LA REINE DES CITADELLES

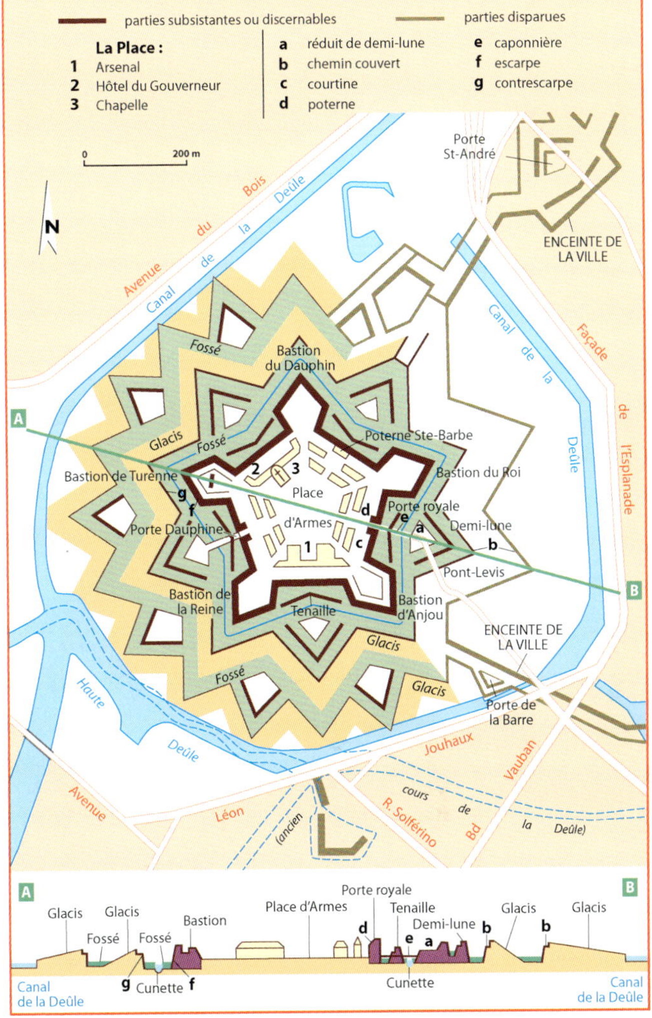

PARC DE LOISIRS DE LA CITADELLE

C4 *1 Av. Mathias-Delobel - bus ligne 14B ou Citadine - ✆ 03 20 49 50 00 - ♿ - entrée libre.* 70 ha de nature, le poumon vert de Lille offre de nombreuses activités : balades à pied ou à vélo, parc d'attractions pour enfants, le **parc des Poussins** *(1 av. Mathias-Delobel - ✆ 03 20 54 81 11 - www.lespoussins.fr - merc., w.-end, j. fériés et vac. scol. : 14h-18h30 - fermé 1er janv. et 25 déc. - 2 €/ticket. Manèges, trampoline, jeux et brasserie (11h30-18h30), des croisières en bateau électrique...).*

ZOO DE LILLE

C4 *Av. Mathias-Delobel - ✆ 03 28 52 07 00 - http://zoo.mairie-lille.fr - ♿ - été : 10h-18h, w.-end 10h-19h ; hiver : 10h-17h - fermé mar., de fin nov. au 1er w.-end des vac. de fév. (zone B) - possibilité de visite guidée sur demande (1h30) - gratuit.* Il abrite un parc africain (rhinocéros, panthères, antilopes...), un parc d'Amérique du Sud (pandas roux, alpagas...) et de belles volières. La **Maison tropicale** reconstitue le milieu naturel des tortues géantes, des iguanes ou des tamarins...

JARDIN VAUBAN

C4 *Accès bd Vauban, r. d'Armentières et r. Desmazières.* Parc paysager typique du Second Empire ; allées sinueuses, massifs arborés et fleuris, bassins. Statue du poète lillois A. Samain (1858-1906).

Jardin d'arboriculture – *Bd Vauban - ✆ 03 20 49 50 00 - ♿ - accès libre.*

PALAIS RAMEAU

C4-5 *39 bd Vauban - Ⓜ Gambetta - ✆ 03 20 49 50 00.* En 1878, Charles Rameau, alors président de la Société lilloise d'horticulture, fait un legs à la ville, à la condition qu'un bâtiment portant son nom soit construit pour accueillir des fêtes musicales ou des expositions de fleurs, de fruits. Le palais, dessiné par les architectes lillois Auguste Mourcou et Henri Contamine, mélange la tradition locale et le style mauresque et se clôt par une magnifique serre circulaire. Sa vocation est variée puisqu'il a abrité des manifestations horticoles, des concerts, des expositions animales, des banquets, mais aussi des prisonniers revenant d'Allemagne en 1945 ou des examens scolaires de 1930 à 1960. Partiellement rénové à l'occasion de Lille 2004, il est aujourd'hui ouvert lors d'événements.

UNIVERSITÉ CATHOLIQUE

C5 *60 bd Vauban - Ⓜ Gambetta - ✆ 03 20 13 40 00.* Imposantes bâtisses en brique et de facture classique, cette institution créée en 1875 compte 6 facultés, 20 écoles, un groupe hospitalier et 10 bibliothèques ! Ses 150 000 m^2 de campus au cœur de la ville accueillent 25 000 étudiants. Référence dans l'enseignement supérieur, elle contribue au rayonnement universitaire de Lille et à l'ambiance festive des rues de Solférino et Masséna.

Parc de loisirs de la Citadelle, paradis des joggeurs et promeneurs.
B. Rieger/hemis.fr

Quartier de Wazemmes

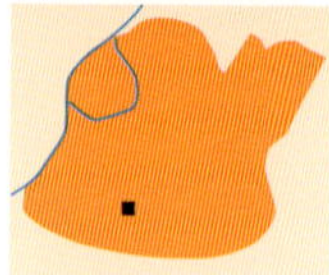

Longtemps vaste territoire rural aux portes de Lille, Wazemmes a complètement changé d'aspect au 19ᵉ s. Les industriels y ont installé leurs usines. Quand elle est attachée à la commune de Lille, en 1858, Wazemmes est une cité-dortoir, où les ouvriers sont logés dans des courées (aujourd'hui en grande partie détruites), et une zone d'industrialisation spectaculaire. La tradition ouvrière, populaire et cosmopolite est restée, mais Wazemmes n'a pas échappé à la gentrification, au début des années 2000, recherchée à la fois pour le coût moins élevé de son habitat, sa proximité du centre, son offre culturelle et son authenticité. On y fréquente ses restaurants, ses bars et son marché, l'un des plus grands de France.

▶**Accès :** Bien desservi par le métro : parcouru par la ligne 1 en son centre (stations : Gambetta, Wazemmes et Porte-des-Postes) et à l'ouest par la ligne 2 (Cormontaigne). ***Plan détachable CD6-7.***

▶**Conseils :** Allez-y de préférence le dimanche matin, jour où le marché est plus important.

« Nos adresses » p. 77, 82, 89 et 94.

MARCHÉ DE WAZEMMES

C6 Ⓜ *Gambetta - pl. de la Nouvelle-Aventure - ✆ 03 20 49 50 00 - www.lille.fr - ♿ - mar. et jeu. 7h-13h, dim. et j. fériés 7h-14h - marché couvert dans les halles tlj sf lun.* Le marché de Wazemmes anime la place de la Nouvelle-Aventure et sa grande halle en briques rouges. Étals alimentaires côtoient brocante et marché aux puces dans une joyeuse ambiance populaire.

ÉGLISE ST-PIERRE-ET-ST-PAUL

C6 Ⓜ *Gambetta - pl. du Parvis-de-Croix - 23 r. du Marché.* Construite en 1857, cette imposante église en briques rouges domine le marché de son style néoroman. Elle fut dépouillée de son riche décor intérieur pendant la Seconde Guerre mondiale.

MAISON FOLIE WAZEMMES★

C7 *70 r. des Sarrazins - ✆ 03 20 78 20 23 - www.mfwazemmes-lille.fr - ♿ - 14h-19h, dim. 10h-19h - fermé lun.-mar., juil.-août (se rens.), 1ᵉʳ janv., 25 déc. - possibilité de visite guidée - gratuit.* Le mélange d'une architecture industrielle du 19ᵉ s. et contemporaine est du meilleur effet. Les 5 000 m² de cette ancienne filature (1855) accueillent tout au long de l'année

des ateliers, spectacles, expositions et performances d'artistes en plein cœur d'un quartier populaire.
Un **hammam** se trouve dans le sous-sol voûté de briques.

CENTRE D'ARTS PLASTIQUES ET VISUELS

C6 *Gambetta - 4 r. des Sarrazins - 03 20 54 71 84 - http://capv.lille.fr - 14h30-18h30, sam. 14h-18h, dim. 10h30-13h30 - fermé lun.-mar., certains j. fériés - possibilité de visite guidée sur demande (30mn) - 5 à 6 expositions par an (sept.-juin).* Dans une belle demeure en briques, des ateliers artistiques (photo, sérigraphie, peinture, vidéo...) pour petits et grands. Expositions d'art contemporain.

PLACE DE LA SOLIDARITÉ

D7 Anciennement place des Quatre-Chemins, elle est ornée en son centre d'un anneau de Möbius, sculpture de Marco Slinckaert (1989), surnommé le « serpent » par les habitants. Jadis, on y exécutait la « condamnée bannie d'une mort honorable ».

LA CITÉ PHILANTHROPIQUE

D7 *Angle r. Gantois et r. de Wazemmes - ne se visite pas.* C'est pour loger les ouvriers dans des conditions décentes et modiques que cette cité a été bâtie en 1861 par l'architecte Émile Vandenbergh. 228 appartements en brique peinte en blanc accueillaient 1000 habitants dans 6 bâtiments de 3 niveaux, bien rangés dans un beau jardin clos. L'ensemble, transformé en maison de retraite, a été rénové en 2007. Un très bel exemple d'architecture à but social et hygiéniste novateur pour son époque.

LA CITÉ DES JARDINS

D7 *Porte des Postes - R. de la justice.* Afin de lutter contre l'insalubrité des courées, l'abbé Lestienne, qui s'intéresse aux expériences d'habitat social en Europe, imagine une vaste cité-jardin sur deux territoires différents : la cité des Jardins (logement collectif) à Wazemmes et la cité des Fleurs (maisons individuelles) à Lille Sud. Sont construits 46 appartements de 4 ou 5 pièces, dotés d'une salle de bains et de l'eau courante, dans un environnement soigné (une serre, une chapelle et un « château » aujourd'hui disparus) et bien équipé (un centre d'éducation, une caisse mutualiste, des magasins...).

RUE DES POSTES

C8-D6 Vaste rue traversante du sud au centre de Lille, elle compte deux sites notoires : la cité des Postes, une des courées les plus importantes de Wazemmes, qui la relie à la rue de la Justice, et une maison de maître d'architecture pittoresque dotée de trois travées inégales richement décorées (n° 191) qui rompt avec l'habitat ouvrier alentour.

Quartier de Moulins et Lille Sud

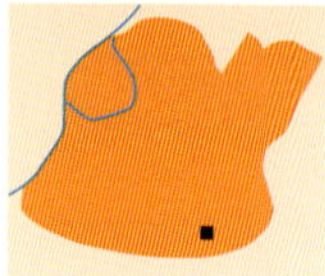

Au 18e s., ce faubourg est couvert de moulins, d'où son nom. Entre les rues d'Arras et de Douai, sont ensuite installés des ateliers industriels qui travaillent le lin et le coton. Trois familles, les Wallaert, les Le Blan et les Pouillier-Longhaye, règnent sur le quartier. Leurs filatures prospèrent jusqu'à la guerre de 1914-1918 où les bâtiments sont soit bombardés, soit pillés par l'occupant. Certaines usines resteront en activité jusqu'à la fin du 20e s. Mais la reconversion, qui a déjà commencé depuis le milieu des années 1970, se poursuit aujourd'hui à grande échelle avec l'installation d'équipements culturels pluridisciplinaires.

▶**Accès :** Pour Moulins, passer par Wazemmes ou par la ligne 2 du métro qui borde le quartier au sud (Porte-de-Valenciennes, Porte-de-Douai, Porte-d'Arras et Porte-des-Postes). Lille Sud, qui souffre d'être relégué derrière le périphérique routier et les voies de chemins de fer, n'est desservi que par les deux dernières stations de la ligne 1 (CHR-Oscar-Lambret, CHR-B.-Calmette).

Plan détachable EF7-8 et hors plan.

▶**Conseils :** Préférez la fin de semaine pour les animations de la maison Folie, le Flow et les maisons de Mode.

« Nos adresses » p. 90 et 101.

MAISON FOLIE DE MOULINS

E7 *Ⓜ Porte-de-Douai ou Porte-d'Arras - 47-49 r. d'Arras - ✆ 03 20 95 08 82 - www.mfmoulins-lille.fr - ♿ - 14h-19h, mar. 14h-18h - fermé lun., 1er janv., 25 déc. - tarif, se rens.*

Dans une ancienne brasserie-malterie (19e s.), cette maison Folie a vu le jour à l'occasion de Lille 2004 et perpétue depuis spectacles, projections, expositions, ateliers et concerts et accueil d'artistes en résidence.

FLOW

E7 *Ⓜ Porte-de-Douai ou Porte-d'Arras - 20, r. Dupetit-Thouars - www.flow-lille.fr - ♿ - ✆ 03 62 14 59 52 - mar.-jeu. 14h-22h, vend.-sam. 14h-18h.*

Adossé à la maison Folie avec laquelle il partage certains espaces, le Flow, Centre eurorégional des cultures urbaines, occupe un beau bâtiment tout en transparence. Cette Maison du hip-hop est avant tout un espace de formation et de création pour les artistes (hip-hop, rap, graff, sérigraphie), ainsi qu'un lieu de pratique amateur. Elle offre aussi des salles d'exposition et de conférence ouvertes à tous et une salle de concerts et de spectacles. Alors, surveillez de près la programmation.

R. Soberka/hemis.fr

Statue colorée sur un mur de la maison Folie de Moulins.

FILATURE LE BLAN

EF8 Ⓜ *Porte-de-Douai - entre les r. Fénelon, de Trévise et de Douai.* En 1900, la première pierre de la filature et de la retorderie Le Blan est posée. Dédiée au lin, puis au coton, cette gigantesque usine a commencé à décliner en 1967 et fait l'objet de la première reconversion de grande ampleur en France, dès 1975. À sa fermeture en 1995, toute une partie est transformée, par les architectes Reichen et Robert, en bureaux, logements, magasins, médiathèque. **Le Prato**, un théâtre spécialisé sur les arts burlesques, y est créé par des clowns. Une autre partie accueille la faculté de droit.

ANCIENNE MAISON DU PEUPLE

E8 Ⓜ *Porte-d'Arras - Pl. Vanhoenacker.* Créée dans les années 1890, à l'initiative des organisations syndicales et politiques ouvrières, l'Union était une coopérative qui valorisait les réseaux de sociabilité. Construit par le jeune architecte Armand Lemay, ce bâtiment en béton armé était à la fois moderne et fort décoré pour rivaliser avec l'architecture bourgeoise des maisons des patrons. Derrière sa façade travaillée (seul vestige d'époque), il abritait des bureaux, des magasins, une bibliothèque, une salle de gym, une salle de fête, un théâtre, une imprimerie, le café de l'Union et aujourd'hui un supermarché.

Qu'est-ce qu'une courée ?
L'industrialisation galopante des quartiers sud de Lille et la forte arrivée de main-d'œuvre posent le problème crucial du logement des ouvriers. La courée apparaît vite comme une solution intéressante. Il s'agit d'une série de maisons semblables et alignées, en brique, étroites, avec une seule pièce par étage, assemblées autour d'une cour et sans accès direct à la rue principale. La pompe à eau et les WC, communs, sont dans la cour. L'évacuation des eaux usées se fait par une rigole centrale. Construites à proximité immédiate des usines, les courées donnent à Wazemmes son identité et son sens de la convivialité. Dès leur création, le manque d'espace, d'aération et d'hygiène les condamnent. La plupart ont aujourd'hui disparu.

LA CITÉ DES FLEURS

Hors Plan *R. du Fbg-des-Postes.*
Créée à partir de 1912 par l'abbé Lestienne, cette cité-jardin regroupe dans des rues aux noms de fleurs un ensemble de maisons individuelles, non conjointes, entourées d'un jardin à destination des ouvriers.

MAISONS DE MODE

Hors Plan *58-60 r. du Faubourg-des-Postes - ✆ 03 20 99 91 20 - www.maisonsdemode.com - ♿ - 14h-19h - fermé dim.-mar. - gratuit.*
Associées à celles de Roubaix, les Maisons de Mode de Lille aident des créateurs à développer leur marque. Ces boutiques-ateliers ont pris place dans un ancien cinéma qui comprend aussi un espace pour les défilés, pour les expositions, une boutique multimarques, un laboratoire et un bar-restaurant.

CIMETIÈRE DU SUD

Hors Plan *91 r. du Faubourg-des-Postes - ✆ 03 20 49 50 00 - www.lille.fr - ♿ - entrée libre - possibilité de visite guidée sur demande - horaires, se rens. sur www.lille.fr.*
Créé en 1863, après le déplacement de celui de Wazemmes, cet immense cimetière (33 ha), le 3e de France par sa superficie, a été le point d'ancrage de toute l'urbanisation du quartier. Il abrite la sépulture de Gustave Delory, premier maire socialiste de France en 1896, élu de Lille et des carrés militaires français et allemands.

Euralille

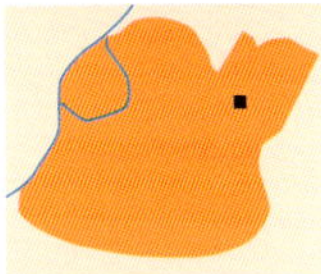

Ce quartier moderne a été conçu par l'urbaniste néerlandais Rem Koolhaas. La gare de Lille, rebaptisée Lille-Flandres, est reliée par l'avenue Le Corbusier à la nouvelle gare Lille-Europe, immense façade de verre qu'enjambent deux tours : la tour Lilleurope WTC et la tour de Lille, en forme de L, à pan coupé (cette forme de « botte » rappelle le logo de Lille 3000), dues respectivement à Claude Vasconi et Christian de Portzamparc. De l'autre côté de l'avenue, l'hôtel Crowne Plaza et son enveloppe en cuivre, dessinée par les architectes lillois Delhay, annonce déjà la seconde phase du projet, Euralille 2. Le centre commercial Euralille a été réalisé par Jean Nouvel comme un « feuilleté métallique, perforé, tramé, avec des transparences et des jeux lumineux ». Euralille abrite aussi des salles de spectacles, une école supérieure de commerce, des logements. Sur l'esplanade, les Tulipes de Shangri-La (Yayoi Kusama) sont devenues l'un des symboles de la ville.

▶**Accès :** Tous les métros mènent à Euralille, bien desservi aussi par les deux gares de train, gare Lille-Flandres et gare Lille-Europe.

Plan détachable E4, F3-4-5, G2-3.

▶**Conseils :** Ne pas hésiter à visiter aussi les parcs qui sont une respiration agréable dans ce quartier très moderne.

« Nos adresses » p. 83, 96 et 101.

MAISON DE L'ARCHITECTURE DE LA VILLE NORD-PAS DE CALAIS (MAV)

F3-4 Située sous l'avenue Le Corbusier, la Maison de l'architecture de la Ville propose des expositions autour de l'architecture et de l'urbanisme *(pl. François-Mitterrand - ✆ 03 20 14 61 16 - mar.-vend. 10h-12h30, 14h-17h, sam. 11h-18h - fermé dim. et lun.).*

STATION DE MÉTRO GARE-LILLE-EUROPE

F3 On accède à la station de métro par la gare, en descendant un escalier monumental décoré d'une vaste fresque signée du dessinateur Jean Pattou. Il y reprend les principaux monuments des villes du monde qu'il réinterprète à la façon d'une gigantesque Babylone post-moderne, avec un certain humour.

LE TRIPOSTAL

F4 *22 av. Willy-Brandt - ✆ 03 20 59 52 81 - www.lille.fr - ♿ - 10h-19h - possibilité de visite guidée (45mn) - expositions d'art contemporain oct.-janv. : merc.-dim. ; reste de l'année : événements à caractère privé, se rens.*

Anciennement affectés au tri du courrier postal, ces 6 000 m² étaient voués à la démolition. Lille 2004 en a fait un lieu d'accueil, d'exposition et de festival que Lille 3000 continue de faire vivre.

HÔTEL BIDÉ-DE-GRANVILLE

***E4** Hôtel Scrive - 3 r. du Lombard - ne se visite pas.*
En 1821, l'industriel A.-D. Scrive-Labbe installa la première machine à carder dans cet hôtel (1773), aujourd'hui siège de la direction régionale des Affaires culturelles.

MUSÉE DES CANONNIERS SÉDENTAIRES

***E3** 44 r. des Canonniers - ✆ 03 20 55 58 90 - www.wix.com/museedes canonniers/lille - 14h-17h - fermé dim. et j. fériés, 20 déc.-5 janv. - possibilité de visite guidée sur demande (1h30) - 5 € (-15 ans gratuit).*
En 1804, l'édifice fut légué par Napoléon au corps des canonniers de Lille, fondé en 1483 et connu sous le nom de confrérie Ste-Barbe. Le musée militaire évoque l'histoire des sièges soutenus par la ville et les faits d'armes de Faidherbe et Négrier. Exposition de 3000 objets : fusils de 1777 à 1945, armes blanches... Deux pièces de canons exceptionnelles, les fameux **Gribeauval**, sont un don de Napoléon aux canonniers.

PORTE DE ROUBAIX

F3 Vestige de l'enceinte espagnole (1621), cette porte massive a été percée en 1875 pour le passage des tramways. Un larmier en pierre et un étage en brique surmontent sa base de grès. On rejoint la **porte de Gand** par les rues des Canonniers et de Courtrai, à 600 m au nord.

PARC HENRI-MATISSE

***F3** Ⓜ Gare-Lille-Europe ou Gare Lille Flandres - Accès par la pl. François-Mitterrand, le bd Carnot, la gare Lille-Europe.*
Conçu par le paysagiste Gilles Clément lors de la première phase d'Euralille, ce parc de 8 ha dont la nature reste en mouvement évolue au rythme des plantes. L'île Derborence, installée sur un socle de 7 m de haut, est même un lieu sauvage, hors d'atteinte de la main humaine, tandis que la grande prairie du boulingrin ou le bois des transparences, un labyrinthe végétal, sont eux offerts à la promenade, au repos... Concerts gratuits.

JARDIN DES GÉANTS

***F2-3** Accès av. Flaubert, bd Victor-Bach ou r. du Ballon - ✆ 03 20 21 22 23 - ♿ - de 9h à la tombée de la nuit (21h maxi) - gratuit.*
De l'autre côté du périphérique, ce jardin de 2 ha a pris la place d'un parking en surface, devenu souterrain. Un peu bruyant mais très original, il est signé des paysagistes de l'Atelier Mutabilis (Paris).

CIMETIÈRE DE L'EST

***F2-G3** 16 r. du Ballon - ✆ 03 20 49 50 00 - www.lille.fr - ♿ - entrée*

P. Hauser/hemis.fr

Le jardin des Géants, créé par l'Atelier Mutabilis.

libre - possibilité de visite guidée sur demande préalable, se rens. à la mairie.
Le plus ancien cimetière de Lille, créé en 1779, est aussi un des plus dotés de chapelles funéraires. On y trouve les sépultures de Roger Salengro, Pierre Mauroy, emblématiques maires de Lille ou celle d'Alexandre Desrousseaux, l'auteur du *P'tit Quinquin*.

RUE GOUNOD

H3 Au-delà de la gare Lille-Europe, cette rue sillonne le quartier résidentiel de St-Maurice-Pellevoisin. Elle est le plus beau concentré de l'Art nouveau et de l'Art déco à Lille. De nombreuses villas sont l'œuvre d'Armand Lemay, un architecte prolifique qui passa allègrement d'un style à l'autre (notamment la villa Beau Séjour et celle qui lui fait face, la villa Orphée...).

EURALILLE 2

F4 L'extension, sur 22 ha, est en cours de finalisation; le nouveau siège de l'**hôtel de région** (de Gilles Neveu) y est installé, la **tour Signal** (dont on dit que c'est le 3e beffroi de la ville) est visible de loin, et l'**hôtel Casino Barrière** propose des activités pluridisciplinaires *(Nos adresses p. 96)*. Le Bois habité, ensemble de logements encerclés de bureaux, apporte une touche verte (par sa couleur et son respect de l'environnement) à ce nouveau quartier lillois.

LILLE GRAND PALAIS

F5 Ⓜ *Lille-Grand-Palais - 1 bd des Cités-Unies - 03 20 14 15 16.*
Palais des congrès modulable et Zénith Arena, Lille Grand Palais, conçu par l'architecte néerlandais Rem Koolhaas, est un lieu unique, où peuvent se concevoir et se mélanger des congrès, de vastes événements de toutes sortes, des expositions et des concerts ou des grands shows spectaculaires.

Grand Lille

Si Lille en reste le centre, sa métropole, riche de 85 communes, cache des trésors qui méritent largement le détour. Le nord-ouest (Lambersart, Bondues, Marcq-en-Barœul, Wambrechies) est résidentiel et aisé, parsemé des belles villas des familles industrielles. Villeneuve d'Ascq, au sud-ouest, ville nouvelle « créée » en 1970, compte de nombreuses fermes (résurgences de son passé rural), qui côtoient le LaM, dédié à l'art contemporain et à l'art brut, les universités de Lille 1 et 3 et le tout nouveau stade Pierre-Mauroy. Au nord-est, Roubaix et Tourcoing ont, elles, digéré leur glorieux passé manufacturier et sont désormais tournées vers l'avenir, même si de vastes friches industrielles sont toujours en cours de réhabilitation. Enfin, mais c'est déjà une autre culture, minière celle-là, et une autre région (Nord-Pas-de-Calais), Lens et sa nouvelle antenne du Louvre tirent Lille Métropole vers le sud.

▶**Accès :** Grâce à son large réseau, Transpôle couvre à peu près toute la métropole régionale, avec son métro, son tramway ou ses nombreux bus.
Plan du grand Lille ci-contre, plan de Villeneuve d'Ascq p. 56 et plan de Roubaix p. 59.

▶**Conseils :** Emprunter le « grand boulevard » (bd Carnot et bd de la République) qui relie Lille à Roubaix, bordé de très belles villas bourgeoises.
« Nos adresses » p. 77, 83, 90, 96 et 102.

LAMBERSART *Plan p. 51, AB2*

Ville riche et résidentielle de la métropole lilloise, Lambersart brille par ses demeures bourgeoises à l'architecture souvent inspirée par les zones balnéaires. Belles villas sur l'**avenue de l'Hippodrome** : la villa St-Charles de style éclectique construite en 1893 par Victor Mollet (n° 193), la villa St-Georges d'Albert Baert (n° 218) ou la villa Sdez (n° 309) bâtie par Marcel Boudin en 1932.

WAMBRECHIES★ *Plan p. 51, AB2*

21 pl. du Gén.-de-Gaulle - 59118 Wambrechies - 03 28 38 84 21 - www.valdedeule-tourisme.fr - de mi-avr. à mi-oct. : 9h30-12h30, 14h-17h30, sam. 10h-12h30, dim. et j. fériés 14h30-18h30 ; reste de l'année : tlj sf dim. et j. fériés 9h30-12h30, 14h-17h30, sam. 10h-12h30 - fermé lun., certains j. fériés.

En bordure de l'agréable canal de la Deûle, ce bourg, autrefois prisé par les riches industriels de la région, a su conserver, autour de la Grand'Place, son architecture flamande : son élégant office de tourisme – ancien **hôtel de ville** (1868), dont l'architecture en brique rappelle le maniérisme de la Renaissance flamande – et sa superbe **église**, ainsi qu'un peu plus loin son château entouré de douves.

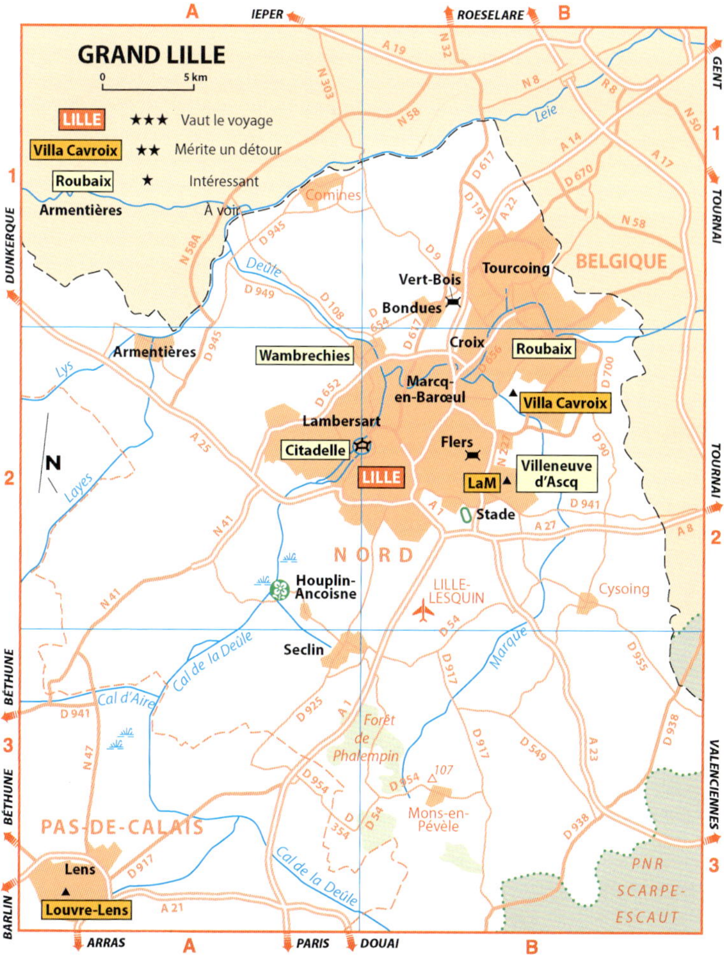
GRAND LILLE
0
5 km
LILLE ★★★ Vaut le voyage
Villa Cavroix ★★ Mérite un détour
Roubaix ★ Intéressant
Armentières À voir
A
B
1
2
3
IEPER
ROESELARE
GENT
TOURNAI
TOURNAI
VALENCIENNES
DUNKERQUE
BÉTHUNE
BÉTHUNE
BARLIN
ARRAS
PARIS
DOUAI
BELGIQUE
Comines
Tourcoing
Vert-Bois
Bondues
Croix
Roubaix
Wambrechies
Armentières
Marcq-en-Barœul
Villa Cavroix
Lambersart
Citadelle
Flers
LILLE
Villeneuve d'Ascq
LaM
Stade
NORD
Houplin-Ancoisne
LILLE-LESQUIN
Cysoing
Seclin
Forêt de Phalempin
Mons-en-Pévèle
107
PAS-DE-CALAIS
Lens
Louvre-Lens
PNR SCARPE-ESCAUT
Leie
Lys
Deûle
Layes
Marque
Cal de la Deûle
Cal d'Aire
A 19
N 32
N 303
N 8
R 8
N 50
N 58
A 14
A 17
D 617
D 670
D 191
A 22
N 58
N 58A
D 945
D 9
D 949
D 108
D 654
D 617
D 945
D 656
D 700
D 652
A 25
A 22
D 90
A 1
D 941
A 27
A 8
N 41
N 41
D 54
D 955
D 917
D 941
D 925
A 1
N 47
D 917
D 549
A 23
D 938
D 954
D 354
D 54
D 954
D 938
D 917
A 21

Distillerie Claeyssens

1 r. de la Distillerie - ✆ 03 20 14 91 91 - www.wambrechies.com - visite guidée sur demande préalable 10h-12h, 14h-16h - fermé 25 déc.-4 janv. - 6,30 € avec dégustation (-12 ans gratuit). Passionnante visite d'une des dernières distilleries traditionnelles de genièvre en France. Au programme : histoire de cette maison fondée en 1817 par Guillaume Claeyssens, découverte des différentes étapes de fabrication, dégustation. Boutique.

Musée de la Poupée et du Jouet ancien★

Av. de Robersart - ✆ 03 20 39 69 28 - www.musee-du-jouet-ancien.com - ♿ - vac. de fév., vac. de Pâques, vac. de la Toussaint et vac. de Noël : 14h-18h ; reste de l'année : dim., merc. et j. fériés 14h-18h - fermé 1er janv. et 25 déc. - possibilité de visite guidée sur demande (1h30) - 4 € (-4 ans 2 €). Installé dans les salles voûtées du **château de Robersart**, lieu de résidence des seigneurs de Wambrechies, construit à la fin du 18e s. dans le style Renaissance, le musée abrite une superbe collection de poupées et de jouets du milieu du 19e s. aux années 1960 : petits trains, Barbies des années 1960, voitures André Citroën (1920-1939), soldats de plomb, poupées parisiennes époque Napoléon III, illustrés *Lisette*, collection d'albums de *Bécassine* (1913-1958)... Expositions temporaires et jeux en bois flamands en libre accès. Fête du jouet ancien chaque dernier dimanche de septembre.

MARCQ-EN-BARŒUL Plan p. 51, B2

Village des métiers d'art du Septentrion et château du Vert-Bois

21 chem. des Coulons - ✆ 03 20 46 26 37 - www.fondationseptentrion.fr - parc été : 12h-18h, dim. et j. fériés 14h-18h ; hiver : dim. et j. fériés 13h-17h30, sem. se rens. - fermé 1er janv. et 25 déc. - 2,20 € (-11 ans 1,70 €) parc seult. - 9 € possibilité de visite guidée (1h) juil.-août : dim. 15h30 et 17h ; reste de l'année : sur demande.

Le village des métiers d'art du Septentrion occupe les bâtiments de l'ancienne ferme des Marguerites. On y trouve galeries d'art, restaurants et différentes échoppes d'artisans. Au cœur du village, la **Fondation Prouvost** organise des expositions temporaires et présente une belle **collection de minéraux** rares rassemblés par Anne et Albert Prouvost au cours de leurs voyages. Le **parc** (60 ha), peuplé de tilleuls argentés, de marronniers et de chênes rouges, permet de gagner le Vert-Bois. Dans le secteur planté de tulipiers de Virginie, on remarque *L'Enlèvement des Sabines*, bronze de Jean de Bologne, et *Le Bélier*, œuvre moderne de Paul Hemery. Le **château** présente des collections de peinture, sculpture et mobilier des 17 et 18e s. Il est précédé d'un charmant jardin clos agrémenté de roses aux beaux jours.

Médiathèque La Corderie

56 r. Albert-Bailly - ✆ 03 20 81 87 45 - http://corderie.marcq-en-baroeul.

fr - ♿ - juil.-août : merc. 10h-13h, 14h-18h, jeu.-vend. 14h-18h, mar. 14h-19h, sam. 10h-13h ; reste de l'année : merc. et sam. 10h-13h, 14h-18h, mar. 14h-19h, vend. 14h-20h30 - fermé certains j. fériés - abonnement nécessaire pour emprunter des documents. Ancienne chapellerie devenue corderie en 1868, cette vaste usine, fermée en 2000, a été reconvertie en médiathèque par l'agence Anaa Architectes. Le bâtiment a gardé sa facture industrielle tout en devenant un lieu culturel riche de 100 000 documents, d'un auditorium et d'une salle d'exposition.

BONDUES *Plan p. 51, B1*

Musée de la Résistance

Bus Liane 91, n° 86 ou 23 (arrêt Fort-de-Bondues) - av. du Gén.-de-Gaulle (N 17) - ✆ 03 20 28 88 32 - www.ville-bondues.fr/musee - juil.-août : tlj sf w.-end 14h-18h ; reste de l'année : 14h-16h30, 8 Mai 14h30-18h - fermé mar. et sam., certains j. fériés - 6 € (-12 ans gratuit) - avec audioguide - possibilité de visite guidée (1h30) sur demande sept.-juin : 1er et 3e dim. du mois 15h30. Construit entre 1875 et 1885, le fort de Bondues faisait partie d'une ceinture de protection de Lille. Durant la Seconde Guerre mondiale, 68 résistants y ont été fusillés par l'occupant allemand. C'est en leur honneur que la ville de Bondues a ouvert ce musée très pédagogique sur la résistance locale. Expositions thématiques temporaires.

VILLENEUVE D'ASCQ★

Plan p. 56, B2

Château de Flers

Chem. du Chat-Botté - ✆ 03 20 43 55 75 - www.villeneuvedascq-tourisme.eu - lun.-vend. 9h-12h30, 14h-18h, sam. 9h-12h. Les douves de ce château flamand (1661) étaient jadis enjambées par un pont-levis. Les bâtiments en brique avec chaînages de pierre, surmontés de pignons à pas de moineaux, abritent l'**office de tourisme** et un **musée archéologique** *(mar.-vend. 14h30-17h30, 1er et 3e dim. du mois 15h-18h30 - possibilité de visite guidée sur demande (50mn) - gratuit).*

LaM - Lille Métropole musée d'Art moderne, d'Art contemporain et d'Art brut★★

Ⓜ Pont-de-Bois + bus Liane 4 ou 59, arrêt LaM - 1 allée du Musée - ✆ 03 20 19 68 68 - www.musee-lam.fr - ♿ - 10h-18h - fermé lun., 1er janv., 1er Mai, 25 déc. - possibilité de visite guidée (1h) - 10 € (-12 ans gratuit) - billet donnant accès aux expos temporaires - 7 € billet collections seules, gratuit 1er dim. du mois. Le LaM regroupe une exceptionnelle collection d'art des 20e et 21e s. L'extension architecturale (Manuelle Gautrand), en forme de main, se love autour du bâtiment d'origine conçu en 1983 par l'architecte Roland Simounet et double la surface d'exposition. Des ouvertures percées à la façon d'un moucharabieh ouvrent sur le parc des sculptures.

Parc des sculptures – On découvre des œuvres installées en plein air : un mobile et un stabile d'**Alexander Calder**, *Croix du Sud* (1970) et *Guillotine pour huit* (1962) ; *Le Chant des Voyelles* (1931-1932) de Jacques Lipchitz ; l'imposant *Between Fiction and Fact* (1992) de Richard Deacon, qui a été spécifiquement conçu pour le LaM ; *Femme aux bras écartés* (1962) de **Picasso**, une idole en ciment et galets, à la fois colossale et fragile, qui semble flexible comme une feuille de papier.

Art moderne★★ – Issue de la donation Geneviève et Jean Masurel, cette collection fut lancée en 1907 par Roger Dutilleul, oncle de Jean Masurel. Elle comprend 220 œuvres du début du 20e s. Un portrait de Roger Dutilleul par **Modigliani** vous accueille. L'art cubiste occupe une salle à part entière, comprenant des œuvres de **Braque**, Picasso, André Derain. Une salle est consacrée à **Fernand Léger** : elle illustre bien l'évolution stylistique de l'artiste, notamment la thématique des mécanismes de la ville inspirée de la peinture populaire ou naïve. Une autre est dédiée à **Modigliani** : ses portraits séduisent par le jeu des lignes et des couleurs. Les surréalistes et les peintres abstraits sont bien représentés avec **Miró**, **Kandinsky** et **Klee**. Des artistes de l'école de Paris sont également exposés : **Lanskoy** et **Utrillo**. Une dernière salle est consacrée à **Jean Dubuffet** et à son cycle de *L'Hourloupe*, qui signe la transition avec la collection d'art brut.

Art contemporain – Certains artistes contemporains exposés sont présentés comme les héritiers des peintres cubistes d'hier. Comme leurs prédécesseurs, les affichistes **Jacques Villeglé** et François Dufrêne s'illustrent par l'emploi du collage. D'autres grands noms de l'art contemporain complètent l'exposition : les œuvres au noir de **Pierre Soulages**, celles, ludiques, d'**Annette Messager** ou bien encore les productions en série d'**Allan McCollum.**

Art brut★★★ – Avec plus de 4 000 œuvres issues de 170 créateurs (environ 350 sont accrochées), la collection d'art brut, donnée en 1999 par l'association L'Aracine à la communauté urbaine de Lille, constitue un fonds unique, le plus important exposé en France. La notion d'art brut a été inventée par **Jean Dubuffet** en 1945, qui relayait les travaux effectués par deux médecins en psychiatrie autour des créations de leurs patients. Par extension, le terme désigne les productions de personnes n'appartenant pas au monde de l'art et étant dégagées de tous préceptes culturels, doctrinaux ou intellectuels. Parmi les premières œuvres exposées, le *Cloisonné de théâtre* d'**Aloïse Corbaz** déroule en trois actes, sur un monumental rouleau de papier long de 14 m, le drame amoureux d'Aloïse. Les salles présentent ensuite l'évolution de l'art brut : de l'impulsivité de la création (**Adolf Wölfli**, Auguste Forestier, Guillaume Pujolle), jusqu'à l'appropriation par les médiums (Fleury-Joseph Crépin, Augustin Lesage, Madge Gill, Victor Simon) en passant par les créations sculpturales (A.C.M., Theo Wiesen) ou

Le LaM à Villeneuve d'Ascq, architectes Roland Simounet (1983) et Manuelle Gautrand (2010).

architecturales à l'image de la maison du Facteur Cheval (abbé Fouré). Les rouleaux d'**Henry Darger**, chargés de petites filles au sexe masculin, révèlent un univers violent. Tandis que la collection de fusils d'André Robillard, fabriqués par ses soins à l'aide de rubans adhésifs de couleur et d'éléments récupérés, nous plonge dans l'ironie.

Musée des Moulins

R. Albert-Samain - ✆ 03 20 05 49 34 - www.aram-nord.asso.fr - visite guidée (1h) 10h-12h, 14h-17h - fermé dim. et j. fériés, août - 7 € (-13 ans 5 €) - gratuit J. des moulins (3e dim. de juin). Jusqu'au 19e s., la région lilloise comptait quelque 200 moulins. Depuis 1976, trois spécimens ont été réintroduits à Villeneuve d'Ascq : le **moulin des Olieux** (1743) qui produisait de l'huile de lin, un **moulin à farine** (1776) et un moulin à eau. À deux pas, l'Association régionale des amis des moulins gère le **musée** qui permet de mieux comprendre le mécanisme de la minoterie. On y découvre les outils (18e et 19e s.) du charpentier, du meunier, du bûcheron et une collection de meules.

Musée du Terroir

12 carrière Delporte - r. Pasteur - ✆ 03 20 91 87 57 - www.shvam.com - ♿ - mars-nov. : 14h30-18h, 2e et 4e dim. du mois et j. fériés 15h-18h - fermé 1er janv., 1er Mai, 25 déc. - 4 € (-12 ans gratuit) - audioguide disponible. Dans le quartier ancien

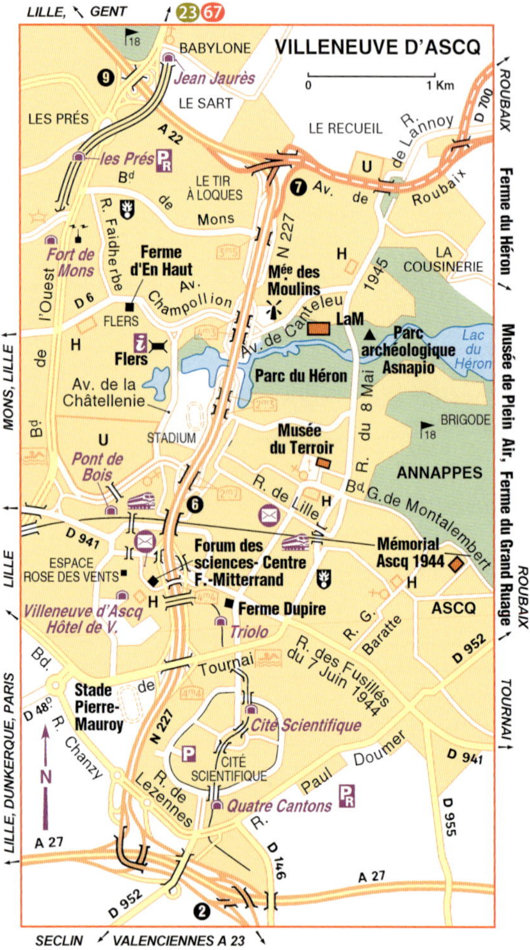

SE LOGER	SE RESTAURER
La Maison du Sart....... 23	Carré des Sens (Bistro du).. 67

d'Annappes, la **ferme Delporte** est bâtie en brique et pierre de Lezennes. On y explique l'emploi des outils agricoles et la production d'artisanat traditionnel – forge, serrurerie, menuiserie, laiterie. Y sont également reconstitués les intérieurs d'une ferme (cuisine, chambre) et évoqués la vie dans les estaminets, les jeux, l'école...

Fermes d'antan

Chem. du Chat-Botté - château de Flers - ✆ 03 20 43 55 75 - www.villeneuvedascq-tourisme.eu - demander la plaquette de ces fermes à l'office de tourisme. On compte plus de 70 fermes à Villeneuve d'Ascq, dont les plus anciennes datent du 17e s. Elles présentent une architecture en rouges-barres, où alternent brique, pierre ou silex. La **ferme du Grand Ruage** (19e s.) est toujours en exploitation *(r. Colbert)*. En revanche, beaucoup ont été reconverties, comme la grange de la **ferme Dupire**, transformée en salle de spectacles *(80 r. Yves-Decugis)*. La **ferme d'En Haut** héberge des ateliers d'artistes *(268 r. Jules-Guesde)*. La **ferme du Héron** (1816), à l'est du lac, est un centre de découverte de l'environnement (réserve naturelle d'oiseaux, verger expérimental...).

Musée de Plein Air

143 r. Colbert - ✆ 03 20 63 11 25 - http://museedepleinair-asso.org - juin-août : 10h-19h, dim. et j. fériés 10h-20h ; avr.-mai : tlj sf lun.-mar. 10h-19h ; sept.-oct. : merc. et sam. 10h-18h, dim. 10h-19h - possibilité de visite guidée (1h30) - 4 € (-12 ans 2 €) - livret-jeu enf. (gratuit) et animations, se rens. Ce parc met à l'honneur le patrimoine rural de Flandre, d'Artois, de Picardie et du Hainaut : vingt-cinq bâtiments sauvés de la ruine et déplacés ici rappellent qu'autrefois les « petites gens » surent élever des constructions parfaitement adaptées à leur métier sans l'aide d'architecte : chaumière, fournil, grange, charretil, estaminet, forge... Ce patrimoine vernaculaire est animé de démonstrations de savoir-faire traditionnels, d'animaux, d'expositions.

Parc archéologique Asnapio

R. Carpeaux - ✆ 03 20 47 21 99 - www.villeneuvedascq.fr - ♿ - avr.-oct. : tlj sf sam. 14h-17h, dim. 15h-19h ; vac. scol. : tlj sf w.-end 14h-17h ; reste de l'année : se rens. - possibilité de visite guidée (1h) - 4 € (-18 ans 2,20 €). Dans ce parc sont reconstitués des exemples d'habitat rural du nord de la France, depuis le paléolithique jusqu'au Moyen Âge : seule la villa gallo-romaine est « en dur » ; les autres bâtiments – habitations et ateliers, où l'on peut assister à des démonstrations techniques – sont construits en bois, torchis et chaume.

Mémorial Ascq 1944

79 r. Mangin - ✆ 03 20 91 87 57 - www.shvam.com - ♿ - juil.-août : tlj sf vend.-sam. et lun. 14h-17h30 ; reste de l'année : dim. et j. fériés 14h-17h30 - fermé 1er janv., 1er Mai, 25 déc. - audioguide disponible - visite adaptable aux malentendants. Ce musée commémore le massacre, dans la nuit du 1er avril 1944, de 86 habitants d'Ascq, dont le plus jeune avait 15 ans, ainsi que le procès des accusés allemands en 1949. Le long de la voie ferrée, 86 pierres perpétuent la mémoire des disparus.

Forum départemental des sciences - Centre François-Mitterrand

1 pl. de l'Hôtel-de-Ville - 03 59 73 96 00 - www.forumdepartementaldessciences.fr - - visite guidée sur demande (1h) 9h-17h30, w.-end et j. fériés 14h-18h30 - fermé lun., 1er janv., 1er Mai, 25 déc. - 5 € (-18 ans 2 €) - gratuit 1er dim. du mois et -18 ans, en visite libre. À travers des expositions temporaires sur des thèmes scientifiques, le Forum sensibilise aux nouvelles technologies. Dans l'espace-atelier, vous trouverez un espace d'éveil pour les enfants de 3 à 6 ans et un centre de documentation. Enfin, le **planétarium**, hémisphère de 14 m de diamètre, propose une initiation à la lecture du ciel, des comètes, des planètes, de l'heure…

Stade Pierre-Mauroy

261 bd de Tournai - 03 20 59 40 00 - www.stade-pierre-mauroy.com - 12 € - visites uniquement sur réserv. (1h) - dép. hall nord porte D. C'est l'un des stades les plus modernes de France, l'un des plus étonnants aussi. Inauguré en 2012, l'ex-Grand Stade de Lille Métropole est le seul à pouvoir être entièrement couvert par un toit amovible et à être complètement modulable : la pelouse se scinde en deux, l'une des parties glissant sur l'autre quand il se transforme en Arena. Il accueille aussi bien les matchs de football du Losc (le célèbre club local, champion de France 1946, 1954 et 2011) que de rugby, de basket ou des concerts, et a été retenu pour l'**Euro 2016**. *p. 112.*

ROUBAIX★ *Plan ci-contre, B1-2*

Visites p. 115.

Grand'Place et hôtel de ville

Œuvre de Victor Laloux, architecte de la gare d'Orsay à Paris, l'**hôtel de ville** fut inauguré en 1911. La façade, un corps central relié à deux ailes latérales par des passages couverts, est tout aussi élégante qu'impressionnante, à la hauteur des ambitions de la ville au début du 20e s. La verticalité de l'édifice est accentuée par les douze colonnes ioniennes ornant le bâtiment principal. Toujours sur ce dernier, au-dessus du second étage, remarquez la **frise**★ monumentale illustrant des scènes de l'industrie roubaisienne : une quarantaine de personnages sont occupés à divers travaux tels que la récolte du coton, la tonte des moutons, la filature, le tissage, la teinture, l'apprêt… Toute l'histoire industrielle de Roubaix tient ici en quelques scènes.

La Piscine-musée d'Art et d'Industrie André-Diligent★★

Ⓜ Roubaix Grand'Place ou Gare Jean-Lebas - 23 rte de l'Espérance - 03 20 69 23 60 - www.roubaix-lapiscine.com - - 11h-18h, vend. 11h-20h, w.-end et j. fériés 13h-18h - fermé lun., certains j. fériés - possibilité de visite guidée

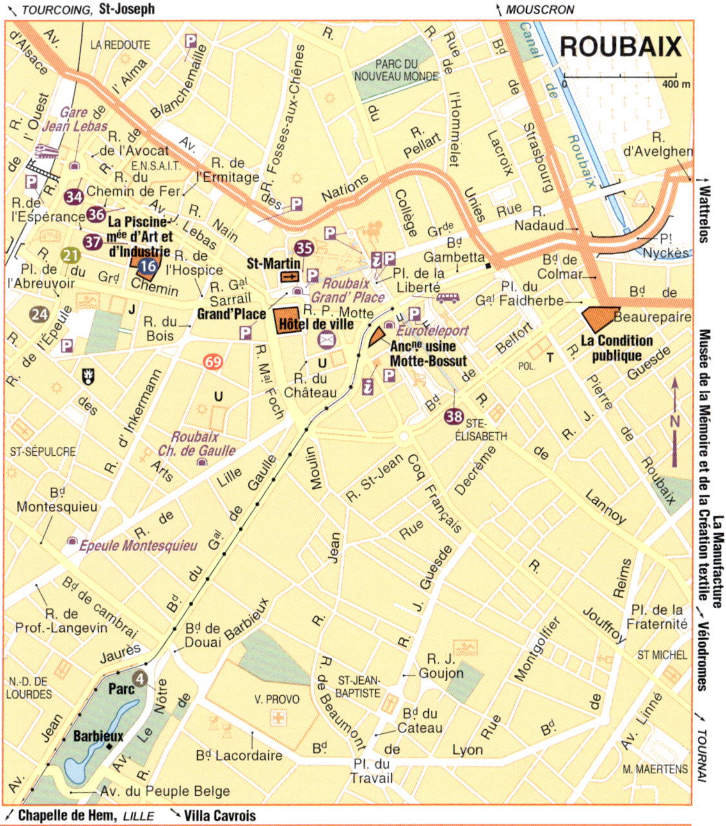

SE LOGER

Maison Bleue (La) 21

SE RESTAURER

Baraka 69

PRENDRE UN VERRE

Café Meert 16

SHOPPING

Autour des Mots 34

Grand Bassin (Le) 37

Hibou dans la Tasse (Un) 36

Lisières (Les) 35

McArthurGlen 38

SORTIR

Ballet du Nord 24

(1h) - 5,50 € (-18 ans gratuit) - 10 € billet combiné avec La Manufacture-musée de la Mémoire et de la Création textile - 9 € expositions temporaires. Hier « temple de l'hygiène », fréquenté par les Roubaisiens pendant plus de soixante ans, ce splendide complexe Art déco de bains-douches (1927-1932), édifié par Albert Baert, est aujourd'hui classé parmi les meilleurs musées de France par *Le Journal des arts*, en fonction de critères qui vont au-delà de la collection elle-même et comprennent la qualité de l'accueil, le dynamisme, les activités et la conservation. Conçu comme une abbaye autour d'un cloître, ce lieu a conservé deux salles de bains (une pour hommes, une pour femmes), et sa **piscine★★** qui, telle une église, charme par son volume et sa décoration. Les baigneurs ont laissé place aux sculptures et peintures des 19e et 20e s. : des œuvres d'artistes locaux comme *Marat assassiné* de Weerts, *Combat de coqs* de Cogghe mais aussi *La Petite Châtelaine* de Camille Claudel, des peintures de Dufy, Lempicka, Gromaire, etc. Les cabines, qui ouvrent sur le grand bassin, servent quant à elles d'écrin aux riches collections de textiles : dessins, pièces d'habillement et d'ameublement ou à des expositions temporaires.

Le musée met à disposition des enfants, dans les salles de la section beaux-arts, des malles à jeux pour découvrir les œuvres.

Quartier des Créateurs

Colonne vertébrale du quartier des Créateurs, l'avenue Jean-Lebas arbore depuis sa rénovation de cossues maisons de maître, repeintes dans des teintes pastel. Galeries photo, associations d'artistes, librairie et boutiques de mode tentent de trouver leur public, dispersées entre les rues de l'Espérance, du Chemin-de-Fer, de l'Avocat, de l'Ermitage, de l'Hospice et l'avenue Jean-Lebas. On trouve notamment rue de l'Espérance, juste à côté de La Piscine, le collectif de créateurs appelé Le Grand Bassin (*p. 90*).

Ancienne usine Motte-Bossut

78 r. du Gén.-Leclerc - 03 20 65 38 00 - www.archivesnationales.culture.gouv.fr/camt - merc.-vend. 9h-17h - fermé j. fériés - tarifs et horaires des expos, se rens. Cette ancienne filature de coton (1862), témoin de l'architecture industrielle du 19e s., a été réhabilitée en 1993 par l'architecte Alain Sarfati ; le **Centre des archives du monde du travail** y a pris place. De l'extérieur, ce « château de l'industrie » tient à la fois du paquebot et de la forteresse médiévale, avec ses créneaux et sa tour de guet, mais également son pont-levis, suggéré par la structure métallique dominant l'entrée.

La Condition publique

14 pl. Faidherbe - 03 28 33 48 33 - www.laconditionpublique.com - - 14h-18h - fermé w.-end et lun., août, certains j. fériés - possibilité de visite guidée sur demande (45mn) - tarif variable selon les expos. Bel exemple de reconversion du patrimoine industriel roubaisien. Avant de devenir **maison Folie**, la Condition publique, bâtie en 1901, était le lieu où l'on mesurait le taux d'humidité dans

La Piscine-musée d'Art et d'Industrie André-Diligent, à Roubaix.

le textile afin d'en chiffrer la vente. Symbole d'une industrie prospère, l'édifice est décoré de briques émaillées polychromes. La Condition publique est désormais une salle de spectacles pluridisciplinaire.

Parc Barbieux

Ce parc à l'anglaise, au creux d'un vallon, abrite de nombreuses essences. Ses massifs fleuris, ses monuments à la mémoire des grands Roubaisiens, ses étangs et ses jeux en font une pause idéale en famille.

La Manufacture – musée de la Mémoire et de la Création textile

29 av. Julien-Lagache - 03 20 20 98 92 - www.lamanufacture-roubaix.fr - visite guidée (1h) 14h-18h - fermé lun. et j. fériés - 6 € (9-16 ans 4 €, -8 ans gratuit) - 9 € billet combiné avec la Piscine - visite ateliers textiles, expos. Au sein de ce musée vivant installé dans les bâtiments des établissements Craye, une quinzaine de métiers à tisser (de la machine à bras du 17e s. à la machine assistée par ordinateur) sont mis en marche au fur et à mesure de la visite guidée. On découvre ainsi l'évolution du jacquard, métier à tisser qui a pris le nom de son inventeur lyonnais au début du 19e s. Des vidéos et des témoignages de travailleurs du textile complètent la visite et abordent aussi l'avenir de la filière en présentant des matières et des tissus innovants. Boutique de créateurs.

Vélodromes

59 av. Alexandre-Fleming - 03 20 65 31 90 - www.velodrome-couvert-roubaix.com - - visite guidée 2e dim. du mois 10h-11h30 - 6 €. Roubaix est à ce point dédié au cyclisme qu'elle dispose non pas d'un mais de deux vélodromes. Le premier, dit **l'Historique**, était un stade intégré dans le parc des Sports construit en 1923. Transformé en vélodrome en 1935, il est connu dans le monde entier depuis qu'il est le point d'arrivée de Paris-Roubaix (1942). En 1996, pour le centenaire de la course, un secteur pavé a été créé à proximité, avenue Alfred-Motte, pavés sur lesquels les noms des vainqueurs de la course ont été gravés. Les douches, qui datent des années 1930 et qui portent elles aussi le nom des vainqueurs, ont gardé leur aspect traditionnel. L'autre vélodrome, dit le **Stab Vélodrome** ou vélodrome couvert, ouvert en 2012, offre à tous la possibilité d'un baptême de vélo sur piste. *Réserv. au 03 20 65 31 64 - merc. 10h-12h, sam. 14h-17h, dim. 12h-14h. (15 € pour 30mn).*

Villa Cavrois★★

À 2 km au sud-ouest de Roubaix. 60 av. J.-F.-Kennedy - 59170 Croix - 03 20 73 47 12 - www.villa-cavrois.fr - - janv.-avr. et nov.-déc : 10h30-17h30, mai-oct. : 10h30-18h30, fermé mar. et certains j. fériés - 7,50 € (-18 ans gratuit) - visite avec tablette numérique 11,50 €. De Lille, prendre le tramway R, dir. Roubaix, arrêt Villa Cavrois (15mn), puis 11mn de marche (r. d'Hem puis av. J.-F.- Kennedy sur la gauche, panneaux indicateurs). Dans la banlieue résidentielle de Roubaix, Paul Cavrois, un industriel du textile, fit appel à **Robert Mallet-Stevens** (1886-1945), grande figure de l'architecture de l'entre-deux-guerres, pour concevoir sa villa, le mobilier, le jardin et la piscine. Il constitue ainsi une « œuvre totale ». Construite entre 1929 et 1932, afin d'accueillir la famille Cavrois et ses sept enfants, la villa est un remarquable exemple d'architecture civile et de décors modernes, alliant esthétique et fonctionnalité. Après le décès de Mme Paul Cavrois, en 1986, le mobilier a été vendu aux enchères, la villa abandonnée et même vandalisée. Acquise par l'État en 2001, elle a bénéficié d'une mesure de sauvegarde puis d'une magnifique restauration qui dure 12 ans pour enfin retrouver son état initial. Elle a ouvert au public en juin 2015 avec quelques meubles d'origine. Installé dans un quartier huppé et verdoyant de Croix, l'édifice, parfois surnommé « bateau Cavrois », est également inspiré d'un château du 18e s., doté d'un corps central, d'un pivot vertical demi-cylindrique et de deux ailes latérales. La villa, aux imposantes proportions et à la forme horizontale, est classique dans son organisation intérieure mais très moderne dans l'utilisation des matières – notamment le béton –, le jeu des couleurs, des volumes (dissymétries créant une dynamique dans les pièces), ainsi que dans le rapport aux matériaux et à la lumière. Une grande attention est portée aux décors avec l'utilisation du verre, du métal, de l'acier, de différentes essences de bois et de marbres variés. Une pièce témoin, laissée à l'état de ruine, permet de se rendre compte de l'ampleur des travaux de restauration entrepris. La vaste baie vitrée du salon s'ouvre sur un très beau jardin et un long miroir d'eau. Après la visite intérieure, ne manquez pas le sous-sol où une vidéo retrace le travail considérable de tous les corps de métier ainsi que l'intéressante « matériauthèque », véritable salle au trésor. La visite se termine par le parc, d'où l'on admire le style classique de l'édifice et son reflet dans le plan d'eau.

TOURCOING *Plan p. 51, B1*

Hôtel de ville

10 pl. Victor-Hassebroucq - ✆ 03 20 23 37 00 - www.tourcoing.fr - ♿ - visite guidée sur demande préalable (1h) 8h-17h30 - fermé w.-end et j. fériés. Ce monument du Second Empire est un parfait exemple de style éclectique. En façade, un blason surplombe chacune des trois portes. L'ensemble, de style néo-Renaissance, rappelle l'Opéra Garnier. La salle du conseil municipal est ornée de quelques grandes toiles historiques, dont *La Bataille de Tourcoing*.

MUba Eugène-Leroy

2 r. Paul-Doumer - ✆ 03 20 28 91 60 - www.muba-tourcoing.fr - ♿ - 13h-18h - fermé mar. et j. fériés, dernier lun. de juil. et 1er w.-end de sept. - 5 € (-18 ans gratuit) - gratuit 1er dim. du mois - possibilité de visite guidée dim. (2,50 €) - ateliers 4 saisons enf. (5-12 ans), se rens.
Né à Tourcoing, le musicien Albert Roussel (1869-1937) a vécu une partie de sa jeunesse dans cet hôtel particulier, devenu musée en 1931.

La disposition des œuvres se veut une confrontation thématique entre l'art ancien et l'art contemporain. La collection permanente comprend des œuvres de l'école du Nord des 16e et 17e s. (Rembrandt, Quellinus, Bouillon, Seghers, Rombouts) et des toiles du 19e s. (*35 têtes d'expression* de Boilly, *Portrait de Sarah Bernhardt* de Clairin) et du 20e s. (Fautrier, Sol LeWitt). Parmi les sculptures contemporaines, remarquez **Kopf**, tête d'homme en fonte de Markus Raetz (1992), dont la perception varie selon l'angle de vue. En 2009, une donation de la famille d'**Eugène Leroy** (Tourcoing 1910-Wasquehal 2000) a doté le musée de la plus grande collection de France de ce peintre injustement méconnu. Autre originalité : les œuvres sont exposées dans une confrontation thématique, sans tenir compte de l'époque où elles ont été peintes.

Musée du Carillon

Pl. de la République - ✆ 03 20 26 89 03 - www.chl-tourcoing.fr - juin-sept. : dim. 15h-18h - fermé j. fériés - visite guidée ttes les 45mn - gratuit. Au centre de la ville, l'église St-Christophe, bel édifice néogothique, comporte le 4e plus grand **clocher** de France (16e s.) : 62 cloches dont un bourdon de plus de 6 tonnes. Il abrite le musée du Carillon. Du sommet *(200 marches)*, **panorama** sur la ville et les environs.

Chambre de commerce

Pl. Charles-et-Albert-Roussel.
Ce superbe bâtiment de Charles Plankaert (1906) inspiré de la Renaissance flamande et dominé par un **beffroi** est, comme à Lille, révélateur de l'essor industriel et de l'activité commerciale de la ville à l'aube du 20e s. Le **Centre d'histoire locale** y est aujourd'hui installé.

Hospice d'Havré

100 r. de Tournai - ✆ 03 59 63 43 53 - www.tourcoing.fr - ♿ - 13h30-18h - fermé mar. et j. fériés, août - gratuit - possibilité de visite guidée des expositions dim. 16h-18h. Fondé en 1260 par Mahaut de Guisnes pour servir d'hôpital, cet ancien hospice a été reconstruit aux 17e et 18e s. Du monastère restent la chapelle avec son retable de style baroque et le cloître avec ses culs-de-lampe sculptés. Depuis 2004, le lieu est transformé en **maison Folie** (*p. 128*). Au programme, expositions, ateliers d'artistes, concerts...

Musée du 5 juin 1944 « Message Verlaine »

Au sud du centre-ville. 4 bis av. de la Marne - ✆ 03 20 24 25 00 - www.musee du5 juin1944.asso.fr - 1er et 3e dim. du mois 9h-18h - 5 € (-15 ans 3 €). Le blockhaus du commandement de la XVe armée allemande est devenu un musée. C'est ici que fut décodé, le 5 juin 1944, le message de Radio-Londres annonçant le débarquement en Normandie : « Les sanglots longs des violons... » Dans une quinzaine de salles, on découvre le matériel de la guerre des ondes, une reconstitution du standard téléphonique et celle de la chambre-bureau du général von Salmuth.

Le Fresnoy

22 r. du Fresnoy - ✆ 03 20 28 38 00 - www.lefresnoy.net - ♿ - 14h-19h, vend.-sam. 14h-20h - fermé lun.-mar. - 4 € (-18 ans gratuit) - gratuit 1er dim. du mois. Pôle d'images et de loisirs, ce lieu moderne propose au public des expositions d'art contemporain et une programmation variée et exigeante de cinéma, de concerts et de spectacles. Ce bâtiment dont on visite même les toits est aussi une école pointue. Les œuvres des étudiants sont visibles chaque année en septembre lors de l'exposition « Panorama ».

L'Imaginarium Plaine Images

99 A bd Descat - ✆ 03 20 29 89 50 - http://plaine-images.fr - 9h-17h45 - expositions, restaurant, etc. Situé dans l'écoquartier de l'Union, vaste friche industrielle en cours d'aménagement entre Roubaix et Tourcoing, l'Imaginarium est un site industriel réhabilité entièrement dédié aux industries créatives (jeux vidéo, nouveaux cinémas, image de synthèse, réalité augmentée, animation, 3D, 3G...). Dans les bâtiments se côtoient un centre de recherche rattaché aux universités Lille 1 et Lille 3, un hôtel et un incubateur d'entreprises, un centre d'exposition ouvert au public... Plus de 1000 personnes y travaillent, portées par l'impulsion d'Ankama, leader du jeu en ligne multijoueur, une vraie réussite.

Antenne de l'Institut du monde arabe

65 r. de l'Union - ✆ 03 28 35 04 00 - www.imarabe.org/antenne-npdc - mar.-dim. 10h-18h - gratuit. À l'instar de son grand frère parisien, l'IMA en Nord-Pas-de-Calais est un outil essentiel à la connaissance et à la découverte mutuelle entre les deux rives de la Méditerranée. Expositions, concerts et conférences.

ARMENTIÈRES Plan p. 51, A2

Hôtel de ville

Pl. du Gén.-de-Gaulle - ✆ 03 20 44 18 19 - www.armentieres.fr/tourisme - visite guidée sur demande préalable (1h) beffroi avr.-oct. : 1er et 3e sam. du mois 14h30 ou sur demande à l'office de tourisme - fermé dim.-lun. et j. fériés - 3,50 € (-12 ans 1 €). Entièrement détruite durant la Première Guerre mondiale, la Grand'Place a été reconstruite entre 1924 et 1934. On doit à l'architecte Louis Marie Cordonnier le monument aux morts, les anciennes halles devenues le théâtre Le Vivat et l'hôtel de ville, imposant édifice en brique de style Renaissance flamande, dominé par un majestueux beffroi classé au Patrimoine mondial de l'Unesco depuis 2005. Du haut de sa centaine de marches, vue panoramique sur la ville, les monts de Flandre, la vallée de la Lys, la métropole lilloise et la campagne belge.

Les Prés du Hem

7 av. Marc-Sangnier - ✆ 03 20 63 11 27 - www.enlm.fr - ♿ - juin-août : 10h-19h, dim. et j. fériés 10h-20h ; avr.-mai : tlj sf lun.-mar. 10h-18h, dim. et j. fériés 10h-19h ; sept. : merc. et w.-end 10h-18h ; mars et oct.-nov. :

merc. et w.-end 10h-17h - possibilité de visite guidée sur demande (1h30) - 7 € (-12 ans 5 €) - 5 € basse sais. 120 ha de nature : un lac, une base de loisirs, une ferme, une école de voile, un musée de plein air, des parcours aventures… tout ce qu'il faut pour se détendre et découvrir la nature en s'amusant.

HOUPLIN-ANCOISNE *Plan p. 51, A2*

Mosaïc - Jardin des cultures

103 r. Guy-Môcquet - ✆ 03 20 63 11 24 - www.enlm.fr/cms/home/mosaic.html - ♿ - juin-août : 10h-19h, dim. 10h-20h ; avr.-mai : tlj sf lun.-mar. 10h-18h, dim. et j. fériés 10h-19h ; sept.-oct. : merc. et sam. 10h-18h, dim. et j. fériés 10h-19h ; fermé reste de l'année - 6 € (-12 ans 4 €) - 17 € billet famille (2 adultes + 3 enf.) - possibilité de visite guidée (1h30) dim. 15h - audioguide, parapluie et voiturette électrique en prêt. Au cœur du parc de la Deûle, les 33 ha de Mosaïc offrent une bouffée d'air pur à quelques kilomètres de Lille. Partez à la découverte de la mosaïque de peuples et de cultures qui ont choisi la métropole lilloise comme lieu de vie, à travers un espace paysager contemporain et original. Mosaïc mêle grands espaces (étang, vastes pelouses, aires de jeux et de pique-nique) et reconstitutions de jardins traditionnels du monde entier (les terrasses de la Méditerranée, le jardin des Figuiers, le Jardin tissé ou celui du Dragon…).

Au départ de Lille, en été, vous pouvez faire la visite des jardins en bateau.

SECLIN *Plan p. 51, A3*

Porte sud de la métropole lilloise, Seclin entretient sa vocation économique depuis l'époque gallo-romaine.

Collégiale Saint-Piat

Bd Joseph-Hentges - ✆ 03 20 90 00 02 - possibilité de visite guidée (50mn) sur demande, se rens. auprès de l'OT - concert de carillons interprété par M. Mulier chaque lun. (j. de marché) 11h-12h et les j. de fêtes civiles et religieuses - 5 €. Dans le clocher de l'église, le **carillon** (42 cloches) offre une sonorité unique. C'est le seul de France réalisé en Angleterre, à partir d'une unique coulée de bronze. L'instrument servit de diapason au réglage de nombreux carillons français.

Fort

Chem. du Fort - ✆ 03 20 97 14 18 - www.fortseclin.com - visite guidée (2h10) 1er avr.-11 Nov. : w.-end 15h ; reste de l'année : sur demande - fermé 11 Nov.-w.-end de Pâques et certains j. fériés - 6 € (-15 ans 4 €). Le fort de Seclin, comme celui de Bondues, a été construit pour protéger la ville de Lille, après 1870. Cependant le site est parfaitement intact. L'ouvrage abrite un musée sur la Première Guerre mondiale, riche d'objets du quotidien des soldats, d'une collection de pièces d'artilleries et d'hippomobiles.

EXCURSION À LENS ET DANS LE BASSIN MINIER *Plan p. 51, A3*

58 r. de la Gare - 62300 Lens - 03 21 67 66 66 - www.tourisme-lenslievin.fr - 9h15-18h - fermé dim., 1er janv., 1er Mai, 25 déc. - 2e bureau musée Louvre-Lens - 99 r. Paul-Bert - 03 21 18 63 22.

Cet horizon de brique et de terrils, aujourd'hui inscrit sur la liste du Patrimoine mondial, constitue un formidable témoignage pour la capitale du **bassin minier★★**, dont l'exploitation s'étendant sur 120 km de Bruay-la-Buissière à Valenciennes. L'heure est désormais à la mise en valeur. Les anciens bureaux de la Compagnie minière ont été investis par l'université, les cités ouvrières rénovées, des terrils se muent en bases de loisirs… sans oublier le monumental Louvre-Lens installé sur un ancien carreau minier ! Le centre-ville de Lens possède, par ailleurs, quelques beaux témoignages de l'architecture Art déco : la gare, la place Jean-Jaurès, la Maison syndicale des mineurs, que l'on peut découvrir lors de la visite guidée proposée par l'office de tourisme *(tlj sf mar. à 14h30 au dép. du Louvre-Lens).*

Musée du Louvre-Lens★★

99 r. Paul-Bert - 03 21 18 62 62 - www.louvrelens.fr - ♿ - juil.-août : 10h-18h ; reste de l'année : 10h-18h, vend. 10h-22h - fermé mar., 1er janv., 1er Mai, 25 déc. - 9 € (enf. 8 €) - billet donnant accès aux expos temporaires - possibilité de visite guidée (1h) parc et musée ou coulisses du musée - galerie du Temps et pavillon de Verre : gratuit. Bâti sur le carreau de l'ancienne fosse nos 9-9 bis de la Société des Mines de Lens (1884-1980), à laquelle est associée la cité pavillonnaire n° 9 (accès r. de La Rochefoucauld), un bâtiment minimaliste de verre et d'aluminium (agence Sanaa) accueille la première antenne décentralisée du grand musée parisien. La **galerie du Temps★★★** propose une sélection d'œuvres du Louvre ordonnancées chronologiquement, dans un esprit de transversalité. Cette approche originale permet de faire voisiner des œuvres produites par des civilisations différentes, mais conçues à un même moment dans le temps. Destiné à des expositions thématiques annuelles, le **pavillon de Verre** présente des œuvres issues des collections des musées de la région Nord-Pas-de-Calais. Deux grandes expositions temporaires d'envergure internationale sont par ailleurs organisées chaque année en été et en hiver. Dans les coulisses aménagées au sous-sol, de grandes baies vitrées s'ouvrent sur les réserves du musée et les salles de restauration. Un beau et verdoyant parc paysager de 20 ha entoure le musée. Il a conservé la mémoire du site grâce aux tracés du sol correspondant au passage des anciens wagonnets.

Pour y accéder depuis Lille, voir p. 115.

Nos adresses

Concert à la maison Folie de Moulins.
Maison Folie de Moulins

Se restaurer

Difficile de choisir un endroit pour se restaurer ! Il y en a pour tous les goûts et pour toutes les bourses, de la cuisine bistronomique *trendy* aux plats issus de la tradition flamande. Laissez-vous tenter par une carbonnade, un potjevleesch ou un waterzooi. Rappelez-vous que le fromage roi est le maroilles (mais qu'il n'est pas le seul) et qu'il est plus fort à l'odeur qu'au goût. N'oubliez pas que la mer est à deux pas et que le poisson est donc frais : véritable source d'inspiration pour les chefs locaux. Enfin, la bière est ici si subtile qu'elle est souvent une sérieuse alternative au vin. Si le Vieux Lille (et notamment la rue de Gand) concentre un maximum de restaurants, les autres quartiers accueillent aussi des établissements intéressants. Pensez à réserver car, au moindre rayon de soleil, les Lillois sortent massivement.

Repérez les adresses sur le plan Lille centre et Vieux Lille (p. 26) et le plan détachable grâce aux pastilles numérotées (ex. 1). Les coordonnées en rouge (ex. C2) font référence au plan détachable (à l'intérieur de la couverture).

LILLE CENTRE

Plan de quartier p. 26

Moins de 15 €

58 **Chez Léontine** – ***E6*** - *217 r. de Solférino - Ⓜ République-Beaux-Arts - 03 20 51 99 41 - www.leontine.fr - lun.-vend. 11h30-18h30, sam. 10h-18h30.* Un salon de thé, ouvert au déjeuner, où l'on mange sain : le thé, le café et la bière sont bio, un des deux plats du jour est végétarien et parmi la copieuse carte de desserts, l'un au moins est sans gluten. Déco hétéroclite de meubles de récup'. Une adresse sympathique à deux pas du palais des Beaux-Arts.

59 **Peek a Boo** – ***D4*** - *92 r. de l'Hôpital-Militaire - Ⓜ Rihour - 03 20 57 05 15 - www.peekaboo cafe.com - mar.-merc. 10h-23h30, jeu. 10h-0h, vend. 10h-1h, sam. 10h-2h.* Un café avec un grain dedans. Un petit air de folie a soufflé sur ce bar branché, orné de jouets datant des années 1955 à 1965. À midi, cuisine saine et légère à base de tartes salées maison et de légumes de saison. Plats végétariens quotidiens. Réputé pour son burger du samedi dont la recette change chaque mois.

54 **Basilic Café** – ***E4*** - *24 bis r. Esquermoise - 03 20 31 21 47 - www.basilic-cafe.com - 11h-23h - brunch w.-end.* Esprit loft new-yorkais pour une cuisine de bistro très goûteuse, revisitée à la sauce world, tendance italienne. Service efficace. L'Urban Square Gallery en mezzanine abrite des expos-ventes d'artistes.

60 **Coffee Makers** – ***E5*** - *151 r. de Paris - Ⓜ Mairie de Lille - 09 73 55 93 60 - lun.-vend. 8h30-18h, sam. 9h30-18h.* Idéal pour prendre un petit-déjeuner, faire une pause sucrée ou salée en journée, dans l'atmosphère calme et cosy d'une petite salle lumineuse. Pour le déjeuner, vous

Chez Léontine.
C. Larras / Chez Léontine

choisirez entre la tarte du jour, une salade composée ou des sandwichs bien frais aux saveurs originales accompagnés d'une salade ou d'un délicieux gâteau. Le tout est concocté maison, y compris le café, torréfié sur place.

De 15 à 30 €

74 **Omnia** – ***E4*** - *9 r. Esquermoise - ✆ 03 20 57 55 66 - http://omnia-restaurant.com* - ♿. Jadis cabaret, maison, puis cinéma, ce lieu est devenu un restaurant très animé. Ballet des serveurs, ambiance bruyante et bière maison coulant à flots : vous êtes dans un haut lieu de la gaîté lilloise. Cuisine traditionnelle et quelques spécialités régionales.

61 **Les Domaines qui Montent** – ***D4*** - *96 r. de l'Hôpital-Militaire - ✆ 09 67 03 86 47 - www.ldqm-lille.fr - lun.-sam. 10h-20h, déj. uniquement.* Un caviste riche de 800 références de vins fait table d'hôte le midi en proposant chaque jour un menu différent. Entrée et plateau de fromage à discrétion. Large choix de vin sans droit de bouchon quand on mange.

43 **Aux Moules** – ***E4*** - *34 r. de Béthune - Ⓜ Rihour - ✆ 03 20 57 12 46 - www.auxmoules.com - 12h-23h, sam. 12h-0h* - ♿. Des moules, bien sûr... et d'autres spécialités flamandes, mais aussi une carte traditionnelle et du poisson. Cette brasserie au cadre 1930, dans une rue piétonne animée, attire les amateurs. Un incontournable de la ville...

50 **Brasserie André** – ***E5*** - *71 r. de Béthune - Ⓜ Rihour/République-Beaux-Arts - ✆ 03 20 54 75 51 - www.brasserieandre.fr - 11h30-23h, vend.-sam. 23h30.* Leurs frites seraient les meilleures de Lille ! Mais on y déguste aussi du filet américain, du welsh rarebit, de la choucroute... Une référence depuis 1924.

37 **Brasserie La Chicorée** – ***E4*** - *15 pl. Rihour - Ⓜ Rihour - ✆ 03 20 54 81 52 - www.restaurantsdelille.com - 11h-4h30, vend.-sam. 11h30-6h.* Une petite faim à pas d'heure ? Une seule adresse où les spécialités flamandes (carbonade, welsh) se dégustent avec une des 11 bières servies à la pression. Menu Biloute pour les plus ch'tis. Un lieu clé de la vie nocturne lilloise.

51 **Le Melting Pot** – ***E4*** - *3 r. Anatole-France - ✆ 03 20 06 33 99 - www.meltingpotrestaurant.fr - fermé dim. - soir menu unique 28 €.* Un nom fort bien trouvé pour ce restaurant idéalement situé, sur la petite place Léon-Trulin, qui borde l'Opéra. Dans un cadre feutré, aux douces couleurs vert amande et sable, une cuisine savoureuse et métissée revisitant les cuisines du monde, de la Méditerranée (moussaka de chèvre chaud) au Japon (poulet yakitori), en passant par les tropiques (nems de banane plantain) ou l'Inde (velouté curry-coco). Carte des vins français et internationaux. Terrasse aux beaux jours. Réservation conseillée le soir.

66 **Estaminet Gantois** – ***E5*** - *224 r. de Paris - Ⓜ Mairie de Lille - ✆ 03 20 85 30 30 - hotelhermitagegantois.com - 12h-14h30, 19h-22h30.* Pour goûter au luxe de l'Hermitage gantois tout en dégustant des spécialités locales. Cet estaminet respecte la tradition culinaire en y apportant

une dose de chic. Plus décontracté et plus accessible que le restaurant gastronomique de l'hôtel (p. 102). Très couru par les locaux.

70 L'Écume des Mers – ***E4*** - *10 r. de Pas - Ⓜ Rihour - ✆ 03 20 54 95 40 - www.ecume-des-mers.com - tlj 12h-14h30, lun.-sam. 19h-23h, dim. 19h-22h.* Ambiance animée, salle originale, carte journalière de poissons, joli banc d'écailler et quelques viandes pour les « accros » : voici un savoureux avant-goût de cette brasserie très prisée.

Plus de 30 €

56 The Sylmar – ***D6*** - *2 pl. Sébastopol - Ⓜ République-Beaux-Arts - ✆ 03 20 57 14 39 - www.thesylmar.com - fermé dim. et lun., réserv. recommandée.* Jouxtant le théâtre de Sébastopol, The Sylmar est installé dans une chaleureuse salle joliment décorée de miroirs et de tableaux colorés (certains en expo-vente), ouverte sur la cuisine. Les plats, composés de produits frais, teintés de touches anglaises, sont goûteux, les légumes cuits à point et le poisson bien travaillé. Les desserts sont aussi réussis ; mention spéciale pour le fameux *cheese cake*. Avis aux amateurs, véritable *fish and chips* servi le samedi midi *(14 €)*.

31 Jour de Pêche – ***E4*** - *2 r. de Pas - Ⓜ Rihour - ✆ 03 20 57 60 59 - http://jourdepeche.fr - mar.-vend. 12h-14h, 19h-22h, sam. 12h-14h30, 19h-22h30 - fermé dim.* En centre-ville, un sympathique restaurant à l'atmosphère intime et cosy (chaises de bistrot, banquettes en laine, etc.). Comme on l'imagine, le poisson est à l'honneur, décliné à travers une courte carte et des menus surprise... Mais les irréductibles carnivores trouveront aussi de la viande à leur goût ! Décor marin soigné.

36 Brasserie La Paix – ***E4*** - *25 pl. Rihour - Ⓜ Rihour - ✆ 03 20 54 70 41 - www.restaurantsdelille.com - lun.-sam. 12h-14h30, 19h-23h30.* Sympathique brasserie au cadre Art déco. Nappes blanches, banquettes, faïences de Desvres et cuisine de bistro : rien ne manque ! Beaux plateaux de fruits de mer. Plus haut de gamme, mais même propriétaire que La Chicorée et Le Flore, voisins.

LE VIEUX LILLE

Plan de quartier ***p. 26***

Pour faciliter l'accès au quartier, prenez la navette à la station Rihour (billet Zap, à moins d'1 €) qui dessert en boucle le Vieux Lille (lun.-sam. 7h-21h).

De 15 à 30 €

63 La Bottega – ***E3*** - *7 bis r. aux Péterinck - ✆ 03 20 74 33 12 - www.la-bottega.com - mar.-sam. 12h-14h30, 19h30-22h, dim. 12h-14h30 - fermé dim. soir et lun.* Une pizzeria, certes, mais une vraie ! Les pizzas blanches (à base de mozzarella et sans sauce tomate) sont excellentes. Sur le trottoir d'en face, l'épicerie italienne.

57 L'Arrière-Pays – ***E4*** - *47 r. Basse - ✆ 03 20 13 80 07 - www.arriere-pays.com - tlj non-stop, dim. 22h, lun.-jeu. 22h30, vend.-sam. 23h30.* Vaste restaurant/salon de thé très prisé des Lillois pour sa cuisine simple et variée faite de soupes, salades, tartes salées... La spécialité : la tartine chaude ou froide. Brunch réputé. Ambiance chaleureuse et vivante.

47 **Le Barbier qui Fume** – ***E3*** - *69 r. de la Monnaie - 03 20 06 99 35 - fermé dim. soir.* En entrant, c'est une boucherie-charcuterie que vous avez sous les yeux avec des produits alléchants. Vous vous installerez ensuite dans l'une des salles du rez-de-chaussée ou de l'étage qui invitent à s'attarder. Ici, tout est cuisiné sur place et l'on sert des viandes fumées et des spécialités flamandes, pouvant être accompagnées des Mousses du Barbier (bière artisanale blonde, blanche et triple). Un régal !

49 **Vivat Factory** – ***E3*** - *3 pl. Gilleson - 03 20 31 55 83 - mar.-sam. 12h-14h, 19h-22h, dim. 12h-16h, fermé dim. soir et lun.* Brasserie à la cuisine world diversifiée et moderne composée de produits frais (burger, wok...). Brunch le dimanche. Très grande terrasse, sur le parvis de N.-D.-de-la-Treille.

52 **Tous les Jours Dimanche** – ***E3*** - *13 r. Bartholomé-Masurel - 03 28 36 05 92 - 12h-18h30, brunch le dim. 11h30-15h30 (sauf juil.-août) - fermé lun.* Dans un esprit brocante, ce lieu atypique propose des formules déjeuner à base de produits frais et un grand choix de thés. C'est aussi le meilleur brunch de la ville !

76 **La Connivence** – ***E3*** - *32 r. de Gand - 03 20 31 75 41 - 12h-15h, 19h-23h.* Dans un beau décor d'esprit loft, avec briques apparentes aux murs, cette grande brasserie propose une carte équilibrée entre la cuisine traditionnelle française et régionale. Du welsh au steak-frites, tout est d'excellente tenue. L'établissement a aussi l'avantage d'être ouvert le dimanche soir.

30 **Estaminet Chez la Vieille** – ***E3*** - *60 r. de Gand - 03 28 36 40 06 - www.estaminetlille.fr - lun. 19h-22h, mar.-jeu. 12h-13h30, 19h-22h, vend. 12h-13h30, 19h-23h, sam. 12h-14h, 19h-23h, fermé dim. et lun. midi.* Carbonnade, potjevleesch, poulet au maroilles, puis dessert au carambar s'invitent au menu de cet estaminet de pure tradition flamande. Bières locales dont l'Angelus, brassée à Lille. Bric-à-brac amusant composé de vieux jeux et autres objets anciens. On dîne à la bougie. Réservation fortement conseillée. Autres adresses de la maison : Au Vieux de la Vieille (2 r. des Vieux-Murs) ou La Vieille France (51 r. de Gand), juste en face.

Plus de 30 €

77 **L'Assiette du Marché** – ***E3*** - *61 r. de la Monnaie - 03 20 06 83 61 - www.assiettedumarche.com - lun.-sam. 12h-14h30, lun.-jeu. 19h-22h30, vend.-dim. 19h-23h.* Le décor contemporain et une verrière coiffant la cour intérieure mettent en valeur l'ancien hôtel des Monnaies (18e s.). L'assiette se garnit en fonction du marché. Par exemple, morue rôtie à peine salée, accompagnée d'une riste d'aubergines du pays d'Arles ou une épaule d'agneau de sept heures.

33 **Pessoa** – ***D2*** - *37 r. St-André - 03 28 52 40 68 - http://pessoa-lille.tumblr.com - mar.-sam. 12h-14h, 20h-0h, fermé dim.-lun.* Banquettes en moleskine marron, chaises en bois, petites tables serrées plats et vins à

L'Écume des Mers. L'Écume des Mers

l'ardoise... Aucun doute : il s'agit bien d'un petit bistrot contemporain, à la française. La cuisine est goûteuse et soignée, et met en valeur les produits du marché, avec des vins choisis.

35 **Le Barbue d'Anvers** – ***E4*** - *1 bis r. St-Étienne - ☏ 03 20 55 11 68 - www.estaminetdunord.fr - lun.-vend. 12h-14h30, 19h-22h30, sam. 12h-15h, 18h-23h.* Estaminet chic qui propose la traditionnelle cuisine flamande, légèrement revisitée et quelques plats de brasserie. Grand choix de bières du Nord ou de Belgique. Bâtiment rustique donnant sur une jolie courette. À deux pas de la rue Esquermoise.

39 **Au Goût du Jour** – ***D3*** - *22 r. de la Barre - ☏ 03 20 51 23 45 - www.augoutdujour.eu - mar.-sam. 12h-14h, 19h-22h, dim. 12h-14h. fermé dim. soir et lun.* Promesse tenue : ici, la gastronomie est vraiment sans complexe et accessible. Carte raffinée, inventive et riche en surprises. Réservez, c'est toujours plein!

41 **La Cave aux Fioles** – ***E3*** - *39 r. de Gand - ☏ 03 20 55 18 43 - www.lacaveauxfioles.com - fermé dim. - lun.-vend. 12h-14h, 19h30-22h30, sam. 19h30-22h30.* Le décor de cet établissement de cuisine française traditionnelle (filet de bœuf façon Rossini ou waterzooi de homard) vaut le détour. Le restaurant réunit deux maisons, l'une du 17e s., l'autre du 18e s., qu'une ancienne rue sépare mais qui a été couverte et intégrée au lieu. Ambiance musicale jazzy.

44 **Bloempot** – ***D4*** - *22 r. des Bouchers - www.bloempot.fr - fermé mar. soir, dim. et lun. réserv. en ligne ou sur place uniquement.* Florent Ladeyn, ex-Top Chef et dont l'Auberge du Vert Mont, à Boeschepe, rend un si bel hommage au terroir régional, récidive au cœur même de la capitale des Flandres avec cette « cantine flamande » revendiquée. Décor atypique (un ancien atelier de menuiserie), bons produits nature et recettes originales : rafraîchissant !

VAUBAN – CITADELLE

De 15 à 30 €

46 **L'Gaïette** – ***D5*** - *30 r. Masséna - Ⓜ République-Beaux-Arts - ☏ 03 20 54 81 88 - www.lgaiette.fr - lun.-dim. 12h-14h, lun.-merc. 19h-22h, jeu. 19h-22h30, vend.-sam. 19h-23h, dim. 19h-22h.* Son welsch est réputé le meilleur de Lille et ses frites sont fraîches et faites maison. Grand choix de bières locales et artisanales.

42 **La Ducasse** – ***D5*** - *95 r. de Solférino - Ⓜ République-Beaux Arts - ☏ 03 20 57 34 10 - http://laducasse.fr - lun.-vend. 12h-14h, lun.-jeu. 20h-23h, vend.-sam. 20h-0h.* Bien plus qu'un estaminet classique, un vrai restaurant du Nord et d'ailleurs. On y retrouve la flamiche au maroilles, le potjevleesch et bien d'autres plats de brasserie, tous préparés avec soin.

WAZEMMES

De 15 à 30 €

73 **Aux Haricots** – ***D6*** - *242 r. Léon-Gambetta - Ⓜ Gambetta - ☏ 03 61 97 29 89.* Nappes à carreaux et excellente ambiance sont au

rendez-vous de ce bistro où l'on mange simple mais bien et où l'on profite de toutes les animations proposées, surtout des plus loufoques : soirées pétanque, « choucroute-Ricard », crèches vivantes et surtout bœuf de jazz le dimanche soir.

Plus de 30 €

45 **Quartier Gourmet** – **C6-7** - *34 r. Durnerin - Ⓜ Gambetta - ✆ 03 20 21 05 21 - fermé dim. soir et lun.* À deux pas de la maison Folie Wazemmes, dans un cadre moderne et design, le QG élabore une cuisine de bistrot fine et excellente (poisson et légumes frais produits de qualité).

MARCQ-EN-BARŒUL

Plus de 30 €

La Salle à Manger – ***Hors plan*** - *99 r. Jules-Delcenserie - ✆ 03 20 65 21 19 - www.restaurant-lasalleamanger.com - mar.-vend. 12h-13h30, jeu.-sam. 19h30-22h30.* Un jeune couple charmant vous reçoit dans cette Salle à Manger à l'atmosphère tamisée, à la fois intime et conviviale. L'ardoise ? Courte, très appétissante et toujours en mouvement, car le chef cuisine en fonction du marché et de ses envies !

VILLENEUVE D'ASCQ

Plan de Villeneuve d'Ascq p. 56

Plus de 30 €

67 **Bistro du Carré des Sens** – *73 av. de Flandres - Ⓜ Wasquehal-Pavé-de-Lille - ✆ 03 62 10 30 45 - www.bistroducarredessens.com - mar., merc. et dim. 12h-13h30, jeu.-vend. 12h-13h30 et 19h-21h, sam. 19h-21h - menus 20,50 € (déj. en sem.), 31/39 €.* Un quartier résidentiel discret et ce Carré contemporain, sobre et dépouillé, qui ne passe pas inaperçu ! Le chef sélectionne des produits de première fraîcheur et réalise une cuisine actuelle savoureuse.

ROUBAIX

Plan de Roubaix p. 59

De 15 à 30 €

69 **Baraka** – *20 r. de Sébastopol - Ⓜ Roubaix-Grand-Place - ✆ 03 20 65 74 14 - www.cooperativebaraka.fr - lun.-vend. 11h-15h, vend.-sam. 19h-22h - menus 12/15,80/18,80 € (déj.), 16/22/24 € (soir) - réserv. recommandée.* Avant ou après une visite du musée La Piscine (10mn à pied), installez-vous dans une ambiance conviviale, où l'on vous servira des plats savoureux confectionnés sur place à base de produits frais et en grande partie bio. Aménagé dans un bâtiment totalement écologique revêtu d'une façade en bois, ce lieu coopératif et original est l'aboutissement d'une belle aventure collective qui contribue à un développement juste et durable.

TOURCOING

De 15 à 30 €

Le Festival – ***Hors plan*** - *1 r. Nationale - Ⓜ Tourcoing-Centre -*

Le Paradoxe

Terrasse du Paradoxe.

☎ 03 20 36 90 81 - www.restaurantlefestival.com - lun.-vend. 12h-14h, lun.-sam. 19h30-21h30. Installé dans le centre-ville à côté de la mairie dans un décor contemporain, Le Festival propose des recettes légères et inventives à base de produits méditerranéens. Le résultat est réussi.

Le Paradoxe – ***Hors plan*** - *3 r. d'Havré - Ⓜ Tourcoing-Centre - ☎ 03 20 28 57 53 - www.paradoxerestaurant.com - mar.-dim. 12h-14h, mar.-jeu. 19h30-22h, vend.-sam. 19h30-23h.* Au cœur de l'ancien hospice d'Havré, dans un décor romantique et moderne, est servie une cuisine flamande revisitée. Le ris de veau au whisky côtoie le waterzooi de st-jacques aux crevettes grises. Grand choix de desserts.

Prendre un verre

Les Lillois aiment sortir et ils ont l'embarras du choix pour aller boire un thé, une bière et même un verre de vin. Trois quartiers regroupent les meilleures adresses : le **Vieux Lille** où sont regroupés les établissements les plus branchés et élégants, mais aussi la **rue de Solférino** ou la **rue Masséna** : les étudiants s'y rejoignent massivement à partir du jeudi soir et ce, jusque très tard dans la nuit ! Enfin, le quartier plus populaire de **Wazemmes** regorge de cafés au charme suranné mais parfaitement authentique, particulièrement prisés le dimanche matin, lors du marché.

Repérez les adresses sur le plan Lille centre et Vieux Lille (p. 26) et le plan détachable grâce aux pastilles numérotées (ex. 1). Les coordonnées en rouge (ex. C2) font référence au plan détachable (à l'intérieur de la couverture).

LILLE CENTRE

Plan de quartier p. 26

1 **Pâtisserie Meert** - *E4 - 27 r. Esquermoise - 03 20 57 07 44 - www.meert.fr - mar.-jeu. 10h30-19h30, vend. 9h30-19h30, sam. 9h-19h30, dim. 9h-18h - fermé lun.* La célèbre pâtisserie cache, dans ses murs aux décors opulents, un salon de thé très prisé. Thés Mariage et gaufres maison à la vanille, au rhum ou à la pistache à déguster au milieu des moulures dorées et avec un service à la hauteur de la réputation de la maison.

2 **Méo 7** - *E4 - 5 pl. du Gén.-de-Gaulle (Grand'Place) - 03 20 57 34 54 - www.meo.fr - lun.-sam. 8h-19h.* Un salon dégustation dédié aux cafés Méo (*p. 86*). Prenez le temps de découvrir plus d'une dizaine de cafés d'origine variée, des thés ou chocolats chauds en terrasse ou à l'étage, dominant la Grand'Place.

3 **Au Moulin d'Or (Chez Morel)** - *E4 - 31-33 pl. du Théâtre - 03 20 55 00 10 - lun.-sam. 9h-23h, dim. 15h-22h30.* Cette enseigne du rang du Beauregard a gardé la décoration de l'ancienne bonneterie quand elle s'est transformée en café. Une scène de *Bienvenue chez les Ch'tis* y a été tournée. Sur sa façade, des boulets autrichiens prouvent la résistance lilloise de 1792 et font encore la fierté de la ville. Petite restauration régionale le midi, planches et tartines en service continu à partir de 15h. Une institution !

6 **Bis2Fly** - *E6 - 19 r. Nicolas-Leblanc - M République-Beaux-Arts - 09 72 45 09 95 - www.bis2fly.com - lun.-jeu. 9h-21h, vend. 9h-23h.* Ce sympathique lieu est à la fois un café, une brasserie et un restaurant dans lequel les produits sont bio, frais et régionaux (déjeuner autour de 15 €). Il attire les habitués du quartier et les *co-workers* qui occupent l'espace du fond.

17 **L'Impertinente** - *E6 - 9 bd Papin - M Mairie-de-Lille ou République-Beaux-Arts - 09 83 87 34 20 - merc.-vend. 13h30-18h, w.-end*

14h-19h. Cosy et pimpant salon de thé à l'accueil chaleureux pour savourer un gâteau maison accompagné d'un thé artisanal ou d'un café. Jus de fruits fermiers et vin de producteurs également à la carte.

21 **Le ICI** – ***D5*** *- 10 r. Inkermann - ✆ 09 86 256 217 - www.le-ici.com - mar.-vend. 11h30-0h (sam. 2h).* Des événement sont régulièrement programmés (concerts, expos) dans ce joli et accueillant bar de quartier. On casse aussi ici une bonne croûte avec les habitués pour un prix modéré (déjeuner seulement pour le moment). La carte, qui varie chaque semaine, affiche 2 entrées, 3 plats (dont un végétarien et un à base de poisson) et 2 ou 3 desserts.

LE VIEUX LILLE

18 **Caféine Coffee** – ***D3*** *- 20 r. des Trois-Mollettes - ✆ 03 62 64 68 95 - mar.-vend. 9h30-19h30, w.-end 10h30-20h.* Blotti dans les ruelles du Vieux Lille, en face du paisible et charmant jardin de l'abbaye du Loos, ce bar fait honneur au café sous des formes variées (expresso, noisette, latte, moka, cappuccino, etc.). On trouve aussi du thé, du chocolat et des jus de fruits. Et pour accompagner son breuvage, on peut croquer un sandwich frais ou déguster une pâtisserie maison. Agréable intérieur en brique et bois clair, quelques tables au calme dehors.

19 **Clarance** – ***D4*** *- 32 r. de la Barre - ✆ 03 59 36 35 59 - www.clarancehotel.com - mar. mat.-dim. apr.-midi.* Le Clarance est un splendide hôtel particulier du 18e s. transformé en hôtel de charme haut de gamme. À défaut d'y loger, venez faire une pause, en journée ou le soir, au salon de thé-bar. Installé dans le ravissant salon ouvert sur le petit jardin fleuri face à Ste-Catherine, vous aurez tout le loisir d'admirer l'harmonieuse interaction entre l'architecture ancienne et les œuvres d'artistes contemporains.

4 **L'Imaginaire** – ***E3*** *- 5 pl. Louise-de-Bettignies - ✆ 03 20 78 13 81 - dim.-jeu. 11h-0h, vend. 11h-1h, sam. 11h-2h.* Ce bar traditionnel sans cachet cache une superbe terrasse abritée avec vue imprenable sur N.-D.-de-la-Treille. Ambiance jeune et d'habitués.

5 **Unami** – ***E3*** *- 8 r. St-Jacques - ✆ 03 28 52 43 70 - www.unami-store.com - lun.-sam. 10h-19h.* Magasin de thé traditionnel tenu par des experts qui sauront vous renseigner sur les thés à choisir. L'offre est riche et variée et peut être dégustée dans le salon adjacent, accompagné d'un en-cas sucré ou salé. Élégant et zen.

7 **La Patronne** – ***D4*** *- 35 r. des Bouchers - ✆ 03 20 78 17 56 - www.lecafelivres.fr - mar.-merc. 12h15-22h ou 23h (jeu. 0h, vend. 1h, sam. 2h, dim. 19h30).* Le rendez-vous cool du Vieux Lille où il fait bon boire un verre (belle carte de bières et boissons non alcoolisées), acheter des livres d'occasion, grignoter un morceau. Petite restauration (soupe, assiette apéro, poulet patate, salade, gâteau) préparée maison. Expositions, concerts, mini-crêpes parties ou BBQ selon l'envie et le temps.

Terrasse de restaurant dans le Vieux Lille.

8 **La Part des Anges** – ***E3*** - *50 r. de la Monnaie - ✆ 03 20 06 44 01 - www.lapartdesangeslille.fr - lun.-jeu. et dim. 9h-0h, vend. 9h-1h, sam. 9h-2h.* Bar à vin historique qui s'est imposé comme incontournable dans la ville dédiée à la bière. Planches variées et copieuses accompagnent une large carte de vins.

9 **Le Parvis de la Treille** – ***E3*** - *26 r. Bartholomé-Masurel - ✆ 03 20 55 10 01 - www.leparvisdelatreille.fr - mar.-jeu. 9h-0h (vend. 1h, sam. 2h).* Sa terrasse s'étend devant N.-D.-de-la-Treille, mais l'intérieur du bar, très épuré et que l'on dirait tout droit sorti des années 1960, avec ses murs en briques et son grand miroir, est très chaleureux. On peut aussi goûter à une cuisine traditionnelle un peu réinventée, aux saveurs du sud de la Méditerranée. Couscous les mar., jeu. et sam. midi (et le soir sur réserv.).

10 **Monsieur Jacques** – ***E3*** - *30 r. de Gand - ✆ 03 20 74 85 59 - www.monsieurjacques.com - lun.-jeu. 18h-0h, vend. 18h-1h, sam. 18h-2h.* Vrai lieu de convivialité et de découverte de vins et de champagne. 100 références à déguster accompagnées de tapas, d'assiettes de charcuterie ou de fromages. Belle ambiance de vieux bistro.

11 **BD + Café** – ***D3*** - *5 r. Royale - ✆ 03 20 15 11 47 - http://bdpluscafe.fr/blog - mar.-vend. 11h-20h (sam. 21h).* En plein cœur de l'animation du Vieux Lille, on peut déguster une bière ou un café tout en se régalant d'une des 2000 BD en vente ici. Véritable temple lillois du 9e art, la librairie est bien sûr spécialisée en bande dessinée franco-belge, mais propose aussi des mangas et des comics. Large place aux éditeurs indépendants et aux figurines 3D. Café convivial.

16 **À l'Huîtrière** – ***E3*** - *3 r. des Chats-Bossus - ✆ 03 20 55 43 41 - www.huitriere.fr - lun.-merc. 9h-21h, jeu.-sam. 9h-21h30, dim. 10h-15h.* Une institution lilloise pour déguster des huîtres accompagnées d'un verre. Les produits sont de belle fraîcheur, le cadre agréable avec un somptueux décor en céramique. Au bar à huîtres s'ajoute une boutique-traiteur.

VAUBAN

Baptisées les « rues de la Soif », les **rues de Solférino** et **de Masséna**, et celles avoisinantes, sont le lieu privilégié des retrouvailles très arrosées des étudiants le soir à partir du jeudi. Les bars s'y succèdent, les concepts changent régulièrement et l'ambiance y est relevée.

WAZEMMES

20 **Andy et Marcel** – ***D6*** - *30 r. Mourmant - Ⓜ Gambetta - ✆ 03 66 97 39 71 - www.andyetmarcel.fr. - mar.-jeu. 13h30-19h30, (vend.-sam. 10h), dim. 12h-16h.* Une belle vitrine au milieu de la rue Mourmant fait honneur à Roy Lichtenstein et annonce la couleur : une librairie avec des étagères chargées de BD et de romans graphiques indépendants. Mais c'est aussi un pimpant salon de thé. Aux manettes de cet univers multicolore, une accueillante et jeune passionnée qui vous servira un thé artisanal

et vous guidera volontiers sur les ouvrages. Malle à livres en libre service et sélection de BD en vente.

12 **Les Tilleuls** – **C6** - *32 r. St-Pierre-St-Paul - Ⓜ Gambetta - ☏ 03 20 54 49 67 - lun.-sam. 10h-22h, dim. 7h-16h.* Difficile d'y trouver sa place au soleil le dimanche matin tant l'endroit est prisé à l'heure de l'apéro, à la fin du marché. Et pourtant, la terrasse est une des plus grandes de Lille !

13 **La Brûlerie** – **C6** - *10 pl. de la Nouvelle-Aventure - ☏ 03 20 06 78 78 - mar.-jeu. 8h-19h, merc. 9h30-19h, vend.-sam. 14h-19h, dim. 8h-15h.* Un endroit chaleureux pour venir déguster un bon thé et surtout un très bon café. La salle est spacieuse et, quand il fait beau, la petite terrasse qui donne directement sur la halle du marché est séduisante. On peut aussi s'y restaurer le midi : salades copieuses, bagels, desserts... mais c'est pour l'ambiance familiale qu'on aime fréquenter ce lieu.

EURALILLE – LES GARES

14 **Les 3 Brasseurs** – **E4** - *22 pl. de la Gare - Ⓜ Gare Lille-Flandres - ☏ 03 20 06 46 25 - www.les3brasseurs.com - lun.-jeu. et dim. 11h-0h, vend.-sam. 11h-1h.* Une odeur de houblon accueille le visiteur dans cette véritable institution lilloise, fondée en 1928, qui tient à la fois du bistro et de la micro-brasserie. Vous pourrez y déguster les quatre variétés d'une bière pression tirée toute fraîche des cuves exposées derrière le comptoir et y manger un peu aussi.

15 **Le Bistro de St-So** – **F6** - *25 bd Jean-Baptiste-Lebas - ☏ 03 20 32 05 42 - ♿ - merc.-jeu. 11h30-23h00, vend.-sam. 11h30-1h, dim. 11h30-21h.* Traversez la grande cour, poussez la porte du bâtiment principal et vous pourrez boire une bière en plein cœur de ce lieu de culture et de rencontre qu'est devenue cette ancienne gare de marchandise. Entre une exposition et un cours de yoga ou encore à la sortie d'un concert, tout est fait pour se poser tranquillement et profiter de l'instant en discutant avec les habitués du lieu. On peut aussi ici déjeuner *(plat 12/14 €).*

ROUBAIX

***Plan de Roubaix* p. 59**

16 **Café Meert** – *23 r. de l'Espérance - Ⓜ Gare Jean-Lebas/Roubaix-Grand-Place - ☏ 03 20 01 84 21 - www.meert.fr/restaurant-roubaix.html - mar.-jeu. et w.-end 12h-18h, vend. 12h-20h.* Dans l'entrée du musée La Piscine, une antenne du célèbre pâtissier lillois. Petite restauration le midi, salon de thé l'après-midi et leurs célèbres gaufres à toute heure. Agréable terrasse donnant sur le jardin.

Shopping

À partir de la Vieille Bourse et ses bouquinistes commence le triangle d'or du shopping lillois. Entre le rang de Beauregard et la rue de la Monnaie, les grands noms de la mode succèdent aux orfèvres et aux bijoutiers, tandis que la rue de la Clef s'ouvre sur des territoires plus branchés. La rue Basse regroupe un grand nombre d'antiquaires. Pavée, animée et colorée, la rue de Gand attire l'œil : boucheries, estaminets, bars et surtout restaurants proposant divers styles de cuisine s'y succèdent.

Repérez les adresses sur le plan Lille centre et Vieux Lille (p. 26) et le plan détachable grâce aux pastilles numérotées (ex. 1). Les coordonnées en rouge (ex. C2) font référence au plan détachable (à l'intérieur de la couverture).

Marchés

1 Marché de Wazemmes – **C6** - *Pl. de la Nouvelle-Aventure - Gambetta - mar., jeu. et dim. 7h-14h.* (*p. 42*).

2 Marché de Sébastopol – **D6** - *Pl. Sébastopol - République-Beaux-Arts - merc. et sam. 7h-14h.* Agréable petit marché.

3 Marché du Vieux Lille – **DE3** - *Pl. du Concert - merc., vend. et dim. : 7h-14h.* Marché alimentaire de producteurs régionaux.

4 Marché aux livres anciens – **E4** - *Rihour - mar.-dim., ts les apr.-midi.* Véritable havre de paix en plein centre de Lille, le marché aux livres de la Vieille Bourse est le rendez-vous des amateurs de vieux livres et de cartes postales, ainsi que des joueurs d'échecs.

LILLE CENTRE

Plan de quartier p. 26

Librairie/culture

6 Le Furet du Nord – **E4** - *15 pl. du Gén.-de-Gaulle (Grand'Place) - 03 20 78 43 43 - www.furet.com - 9h30-19h30 - fermé dim.* Cette incontournable librairie lilloise, fondée en 1936, occupe plus de 7 000 m² répartis sur 9 niveaux : de quoi fureter quelques heures. Escaliers, passerelles et multiples couloirs vous conduiront à vos rayons favoris : livres, jeux, disques, vidéos, bandes dessinées, papeterie ou billetterie.

7 Le Gallodrome – **E4** - *17 r. de la Vieille-Comédie - 03 20 03 20 58 - www.legallodrome.com - lun. 14h-19h, mar.-vend. 11h-19h, sam. 10h-19h.* Du nom des arènes des combats de coqs très prisés dans la région. Boutique de tee-shirts dessinés par des graphistes recrutés sur le Web à l'unique condition qu'ils réinterprètent un particularisme ou un cliché du Nord. Tous sont sérigraphiés à Wattrelos. Autre collection : « Paroles de ch'ti », en vente aussi notamment à l'office de tourisme.

8 Les Quatre Chemins – **E5** - *142 r. de Paris - Mairie-de-Lille - 03 20 39 95 65 - http://blog.librairielesquatrechemins.fr -*

Le Furet du Nord.

Les Disques
La Billetterie
de Spectacles
1950
2003

lun.-sam. 11h-19h. Mauvais genre, polar, science-fiction, conte et légende ou fantastique, cette libraire-café concentre la plus vaste offre de littérature d'évasion. Bon accueil. Rayon jeunesse sur les mêmes thèmes.

Gastronomie

9 **Chocolat Passion** – **D4** - *67 r. Nationale - Ⓜ Rihour - ✆ 03 20 54 74 42 - www.chocolatpassion.com - mar.-sam. 10h-19h, lun. 13h30-19h - fermé dim. et j. fériés.* Fleur de Lille, Noir de Houlle (parfumé au genièvre), chocolats à la bière Jenlain, aux arômes naturels de fleurs, aux thés et aux épices : un vrai festival de saveurs pour amateurs de plaisirs sucrés.

10 **Cafés Méo** – **E4** - *5 pl. du Gén.-de-Gaulle (Grand'Place) - ✆ 03 20 57 34 54 - www.meo.fr - lun.-sam. 8h-19h.* Depuis 1928, les cafés Méo perpétuent la tradition de père en fils. Cafés en vrac ou moulu, thés, douceurs et spécialités régionales sont proposés. Retrouvez ici aussi les Merveilleux de Fred (*p. 87*).

11 **Philippe Olivier** – **E4** - *3 r. du Curé-St-Étienne - ✆ 03 20 74 96 99 - www.philippeolivier.fr - lun. 14h30-19h15, mar.-jeu. 10h-19h15, vend.-sam. 9h-19h15.* C'est le plus ancien affineur et fromager de Lille, lui-même issu d'une longue lignée familiale de spécialistes basés à Boulogne-sur-Mer. Le plus grand choix de fromages régionaux de la ville avec environ 40 références (maroilles, pavé de Roubaix, boulette d'Avesnes...) sur les 300 qui embaument la petite boutique.

12 **Au Chat Bleu** – **E4** - *3 r. des Manneliers - ✆ 03 20 15 01 73 - http://auchatbleu.com - lun.-sam. 10h-19h30, dim. 11h-13h, 14h30-18h30.* Est-ce la proximité de la Belgique ? En tout cas, Lille regorge de très bons chocolatiers. Celui-ci, originaire du Touquet depuis 1912, s'est fait une réputation qui dépasse la région. La spécialité : le célèbre « chat bleu », un feuilleté nougatine et praliné décliné en chocolat noir ou lait. Puis, la famille s'est agrandie avec les « souris » (praliné/pâte d'amande), les « dunes », les « oyais » et chaque année en avril, une nouveauté.

13 **Chocolat de Beussent-Lachelle** – **E4** - *6 r. Esquermoise - ✆ 03 20 42 97 42 - http://choco-france.com - lun. 13h-19h, mar.-sam. 10h-19h.* Ce chocolatier a pour particularité d'être propriétaire d'une plantation de cacao en Équateur et d'être ainsi le producteur-récoltant de ses fèves. Les plaques faites avec ce chocolat valent le détour.

14 **Jean Trogneux** – **E4** - *19 pl. du Théâtre - ✆ 03 20 06 91 91 - www.trogneux.fr - lun. 14h-19h, mar.-sam. 10h-19h.* Certes, Jean Trogneux est un chocolatier réputé depuis 1852, dont la spécialité est la « fleur de lys » (gianduja pistache/noisette/amande). Mais, c'est aussi un confiseur où vous trouverez toutes les spécialités de la région : la « babelute » de Lille (caramel/cassonade), les « p'tits quinquins » (au citron et à l'orange), les « chuques » du Nord (bonbon au café fourré caramel), le « pavé » de Lille (gianduja fondant) ou le « boulet » des Flandres (caramel/sucre glace).

LE VIEUX LILLE

***Plan de quartier** p. 26*

Artisanat

15 Tremplin des Créateurs – **D2** - *Pl. des Archives - http://tremplin-des-createurs.over-blog.com - certains dim. 9h-13h (se renseigner auprès de l'office de tourisme).* Artistes et artisans potiers, bijoutiers, peintres...

Librairie

16 Tirloy – **D4** - *62 r. Esquermoise - ✆ 03 20 55 37 09 - www.libr-aire.fr - lun. 14h-19h, mar.-sam. 10h-19h.* 200 m² dédiés à la littérature jeunesse, générale et religieuse, et cela depuis 85 ans! Le premier étage est entièrement consacré aux objets religieux.

Gastronomie

17 Pâtisserie Meert – **E4** - *27 r. Esquermoise - ✆ 03 20 57 07 44 - www.meert.fr - mar.-jeu. 10h30-19h30, vend. 9h30-19h30, sam. 9h-19h30, dim. 9h-18h - fermé lun.* Cette pâtisserie-confiserie fondée en 1761 est une véritable institution. Miroirs, arabesques, moulures dorées et balcons ciselés : le superbe décor datant de 1839 est inscrit à l'Inventaire des monuments historiques. Ne ratez pas la spécialité maison : la fameuse gaufre fourrée à la vanille de Madagascar, dont la recette remonte à 1849. Salon de thé et restaurant.

18 Aux Merveilleux de Fred – **E3** - *67 r. de la Monnaie - ✆ 03 20 51 99 59 - www.auxmerveilleux.com - 7h30-20h - fermé lun.* De la meringue, de la crème fouettée au chocolat, le tout roulé dans des copeaux de chocolat; l'un blanc et l'autre noir... les Merveilleux et les Incroyables de Fred sont à se damner! Retrouvez-les aussi sur la Grand'Place, au Café Méo (*p. 86*) et au 336 rue Léon-Gambetta *(mar.-sam. 6h-19h30, dim. 6h30-14h - fermé lun.).*

20 Les Vins Gourmands – **E4** - *33 r. Esquermoise - ✆ 03 20 30 12 20 - www.lesvinsgourmands.fr - lun. 15h-19h30, mar.-vend. 10h30-19h30, sam. 10h-19h30.* L'antenne lilloise de cette cave réputée de Lens a plus de 2500 références en stock, dont 250 whiskies et 50 rhums. 95 % du vin est vendu au même prix qu'à la propriété. Découvertes et promotions en permanence.

21 Alex Croquet – **D 4** - *66 r. Esquermoise - www.alexcroquet.fr - lun.-sam. 8h-19h30 - fermé dim. et j. fériés.* Alex Croquet se définit lui-même comme un fou de pain! Pour fabriquer les siens, il a même construit une rivière artificielle qui purifie l'eau qu'il utilise! Beau choix de pains bio ou à la farine blanche Label Rouge, façonnés à la main et sans aucun additif. Quelques pâtisseries aussi : des brioches, des cakes ou des tartes au sucre, un délice!

22 L'Abbaye des Saveurs – **E3** - *13 r. des Vieux-Murs - ✆ 03 28 07 70 06 - www.abbaye-des-saveurs.fr - merc.-sam. 11h-19h, dim. 11h-13h30, mar. 14h-19h - fermé lun.* Bières régionales et belges, produits du terroir sucrés et salés, paniers garnis, verres et objets publicitaires : tout y est.

23 L'Estaminette – **D 3** - *10 r. de la Barre - ✆ 03 62 10 13 54 - www.*

Aux merveilleux de Fred

Aux Merveilleux de Fred.

estaminette.com - mar.-vend. 14h-19h, sam. 11h-19h - fermé dim.-lun. Bières locales, alimentation régionale et objets originaux. Le samedi après-midi, l'orgue de Barbarie, installé dans l'entrée, joue des airs connus. Les soupes, tartes salées, assiettes mixtes ou sandwichs, du jour, sont réalisés avec des produits locaux de saison.

24 **Fromager Delassic** – ***E3*** - *11 pl. des Patiniers - ✆ 03 28 52 32 88 - www.fromage-delassic.fr - mar.-vend. 10h-21h, sam. 10h-19h30 - bar à fromages, mar.-vend. 12h-14h, 19h-22h, sam. 12h-17h.* Concept original de crémerie-bar à fromages tenu par des jumeaux. 120 références affinées par leurs soins, dont le maroilles au lait cru, le sire de créquy (à la bière) ou l'écume de Wimereux, sont proposées à la vente ou à la dégustation (au 1er étage).

25 **Le Pain de nos Ancêtres** – ***D4*** - *26 r. des Bouchers - ✆ 03 20 54 02 14 - www.lepaindenosancetres.com - mar.-sam. 7h30-20h, dim. 8h-13h - fermé lun.* Une boulangerie comme autrefois où le pain est à base de produits naturels, sans conservateur et cuit au feu de bois dans de vieux fours. Autres spécialités : l'tart'au sucre, l'tart' au maroilles ou l'tart' à la libouli (à la crème) et le pain d'épice maison. Un délice!

26 **Boulangerie-Pâtisserie Valérie et Raphaël Brier** – ***D4*** - *118 r. Esquermoise - ✆ 03 20 55*

35 55 - lun.-sam. 7h-19h50. Impossible à éviter ! Cette très belle boulangerie idéalement placée est riche de très bonnes spécialités régionales. Le pain est délicieux, les gaufres fourrées à la vanille maison et les cramiques (brioches) au sucre, aux raisins ou aux pépites de chocolat sont exceptionnelles.

Librairie/culture

27 Rocambole – **E3** - *36 r. de la Clef - ✆ 03 20 55 67 01 - www.rocambole.fr - lun. 14h-19h, mar.-sam. 10h-12h30, 14h-19h.* L'antre du jeu, de tous les jeux... de société, de rôles, de simulation, etc. Tout ce qui concerne le monde du jeu ancien et nouveau est disponible ici. Une référence.

Loisirs

28 L'Atelier de la Sorcière Verte – **E4** - *9 bis r. de la Clef - ✆ 03 20 12 07 06 - http://la.sorciere.verte.free.fr - lun. 14h-19h, mar.-vend. 10h30-19h, sam. 10h-19h.* Bien plus qu'une papeterie, cette boutique à la décoration enchanteresse est entièrement dédiée au papier et à tout ce que l'on peut faire avec : l'écriture, la reliure, la confection d'objets... Au sous-sol, une belle cave voûtée accueille des ateliers et formations thématiques sur le sujet (reliure, confection de boîtes, de carnets, origami...).

Mode

29 La Botte Chantilly – **E4** - *22 r. de la Grande-Chaussée - ✆ 03 20 55 46 41 - www.la-botte.com - lun. 14h-19h, mar.-sam. 10h-19h.* Une institution depuis 1890. D'abord fabricant des bottes des officiers de cavalerie en garnison à Lille, ce magasin de 300 m² propose aujourd'hui plus de 200 marques de prestige de chaussures femmes, hommes et enfants.

30 Les Cousines de Léon – **D3** - *25 r. Royale - ✆ 03 20 78 71 11 - www.lescousinesdeleon.fr - mar.-vend. 11h-18h, sam. 11h-19h - fermé lun., dim - autre boutique 14 r. des Trois-Mollettes.* Entrez chez les cousines de Léon, vous aurez du mal à en sortir. C'est simple, on a envie de tout acheter ! Bijoux et accessoires originaux, sacs, vaisselle, objets déco, jouets, à partir de quelques euros... Ce joyeux bric-à-brac plaira aux petits et aux grandes. Une jolie boutique *girly* parfaite pour faire des cadeaux, à soi et aux autres.

31 Poppy Milton – **E4** - *90 r. Esquermoise - ✆ 03 20 12 98 14 - www.poppymilton.com - lun. 14h-19h, mar.-sam. 10h-19h - fermé dim.* Une boutique de mode « so British » en plein cœur de Lille, exclusivement pour les filles. Derrière sa vitrine rose poudré, vous trouverez des robes et des tops aux imprimés rétro ou Liberty, des jeans et des sacs aux couleurs acidulées, qui viennent tout droit de la capitale anglaise. Plus besoin de prendre l'Eurostar pour faire du shopping à Londres !

WAZEMMES

Gastronomie

32 A les Chopes – **C6** - *355 r. Léon-Gambetta - Ⓜ Gambetta - ✆ 03 20 74 14 65 - mar.-jeu. 10h-13h, 15h30-19h30, vend.-sam. 10h-13h, 15h30-20h,* *dim. 10h-14h - fermé lun. et 25 déc.* Retrouvez toutes les bières françaises et belges ainsi que les spécialités régionales. Des fiches recettes sont à votre disposition.

33 **Les Bons Pâturages** – **C6** - *345 r. Léon-Gambetta - Ⓜ Gambetta - ✆ 03 20 40 23 05 - www.mon-fromage.com - mar.-jeu. 9h-13h, 15h-19h30, vend.-sam. 8h30-20h, dim. 9h-13h30.* Très large choix de fromages, affinés à proximité, charcuterie et quiches variées à acheter sur place ou à réserver en ligne. La boutique historique est située 54 r. Basse dans le Vieux Lille.

LILLE SUD

Mode

Maisons de Mode – **Hors Plan** - *58-60 r. du Faubourg-des-Postes - Lille Sud - ✆ 03 20 99 91 20 - www.maisonsdemode.com - le Jardin de Mode : merc.-sam. 12h-19h.* Accessoires, bijoux et vêtements. Une dizaine d'ateliers font écho au quartier des Créateurs de Roubaix (*p. 60*). La Nuit des soldes et le Marché des Modes ont lieu deux fois par an.

ROUBAIX

***Plan de Roubaix* p. 59**

Librairie/culture

34 **Autour des Mots** – *1 pl. de la Gare - Ⓜ Gare Jean-Lebas - ✆ 03 20 46 56 28 - mar.-sam. 10h-19h.* Un couple dynamique orchestre avec passion cette librairie installée face à la gare. On y trouve des ouvrages variés (littérature, art, albums jeunesse, BD...), mais aussi des livres liés à l'architecture, aux beaux-arts ou au tourisme de la région. Des événements sont régulièrement organisés (dédicaces, expositions, rencontres).

35 **Les Lisières** – *32 Grand'Place - Ⓜ Roubaix Grand'Place - ✆ 03 20 73 29 29 - www.leslisieres.com - mar.-vend. 10h-19h, sam. 10h-12h30, 14h-19h ; juil. : mar.-vend. 14h-16h - fermé en août.* Sur la Grand'Place, cette charmante librairie généraliste est un rendez-vous pour les fans de lecture, des plus jeunes aux plus grands. Nombreux événements et signatures programmés, dans un endroit qui incite à flâner et à rester longtemps au beau milieu des livres !

Mode/artisanat

37 **Le Grand Bassin** – *27 r. de l'Espérance - Ⓜ Gare Jean-Lebas ou Roubaix Grand'Place - ✆ 03 20 03 86 30 - www.legrandbassin.fr - merc.-dim. 12h-19h.* Juste à côté de La Piscine, faites un plongeon dans Le Grand Bassin : un local indépendant aménagé au fond de la Maison de Mode présentant le travail d'une quarantaine de créateurs. Tenu par les artistes eux-mêmes, le lieu rassemble une multitude de créations en tout genre : textiles (vêtements adultes et enfants), bijoux, petits mobiliers, céramiques, luminaires, maroquinerie, papeterie... De quoi pêcher des idées de cadeaux.

36 **Un Hibou dans la Tasse** – *7 r. du Chemin-de-Fer - Ⓜ Gare Jean-Lebas ou Roubaix Grand'Place - ✆ 03 20 26 41 13 - www.ribout-ceramique.fr -*

A. Kerkeni / Maisons de Mode

Maisons de Mode.

mar.-sam. 10h-13h, 14h-18h, 1er dim. du mois 14h-18h. Poussez la porte de cet atelier-boutique installé dans le quartier des Créateurs, tout près de La Piscine. Vous y découvrirez de jolies pièces en céramique confectionnées sur place : gobelets et bols aux délicats motifs d'inspiration japonaise ou décorés de petits poissons, tasses couleur bleu lagon qui donne envie d'y plonger, saladiers, photophores, théières, etc.

38 **McArthurGlen** – *44 r. Mail-de-Lannoy - Ⓜ Euroteleport - ✆ 03 28 33 36 00 - www.mcarthurglen.com/fr/mcarthurglen-roubaix/fr/ - lun.-sam. 10h-19h.* Adidas, Guy Degrenne, Courrèges, Maje et quelque 100 autres grandes marques proposent ici leurs dernières collections à prix soldés toute l'année. Un très bon plan.

WAMBRECHIES

Alcool

Distillerie Claeyssens – *1 r. de la Distillerie.* *(« Visiter » p. 52).*

Sortir

Le journal *Sortir (www.lille.sortir.eu)*, disponible auprès de l'office de tourisme, présente chaque semaine tous les concerts, manifestations et expositions organisés en ville. Le semestriel *Rendez-Vous* recense les événements culturels majeurs de Lille et de sa métropole. Cet agenda est disponible gratuitement dans les offices de tourisme. Consultez également les événements organisés dans les maisons Folie. L'offre culturelle de la capitale des Flandres est au moins aussi intéressante que les nombreux endroits où vous pourrez boire un verre après le spectacle. Si l'ambiance du **Vieux Lille** reste festive mais intimiste, dans le quartier de l'université, les **rues de Solférino** et **de Masséna** sont dès le jeudi soir le rendez-vous des noctambules et des étudiants. Bars et discothèques vous y attendent.

Repérez les adresses sur le plan Lille centre et Vieux Lille (p. 26) et le plan détachable grâce aux pastilles numérotées (ex. 1). Les coordonnées en rouge (ex. C2) font référence au plan détachable (à l'intérieur de la couverture).

LILLE CENTRE

Plan de quartier p. 26

Concert

1 **Orchestre national de Lille** – **D4** - *3 pl. Mendès-France - 03 20 12 82 40 - www.onlille.com - tlj sf w.-end 9h-18h - accueil tél. tlj sf w.-end 9h-12h30, 14h-17h30 - fermé août et 1 sem. vac. de Noël - 29 €/spectacle*. Depuis 1976, l'Orchestre national de Lille donne en moyenne 120 concerts par saison, à Lille comme à l'étranger. Grand répertoire, créations, spectacles destinés au jeune public, interprètes confirmés et talents en herbe traduisent la politique artistique de la maison : « Porter la musique partout où elle peut être reçue. » La salle du Nouveau Siècle, récemment rénovée, offre une acoustique remarquable.

Opéra

2 **L'Opéra de Lille** – **E4** - *2 r. des Bons-Enfants - M Rihour/Gare Lille-Flandres - 03 28 38 40 50 - www.opera-lille.fr - - réserv. au 0 820 48 90 00 - 5/67 €*. Temple de l'art lyrique lillois, l'Opéra accueille en résidence Le Concert d'Astrée et leur répertoire baroque, Ictus (musique contemporaine) ainsi que le chorégraphe Daniel Linehan.

Il propose aussi une programmation des chefs-d'œuvre du répertoire et de la danse contemporaine. Chaque semaine ont lieu les concerts du mercredi à 18h (9 €). Le programme Happy Day propose, pendant les spectacles du dimanche après-midi, des animations musicales et ludiques pour vos enfants (4-12 ans 10 €/1 enf., 15 €/2 enf.).

Danse

3 **L'Odéon** – **D5** - *37 r. de Puebla - M République-Beaux-Arts -*

03 20 57 70 00 - www.odeon-lille.fr - dim. 15h-22h. À la fois musée d'instruments de musique mécanique et salle de bal tout droit sorti de la Belle Époque, ce lieu unique organise des dimanches dansants à partir de 17h. Au programme, swing, tango ou salsa.

Théâtre

4 **Théâtre du Nord** – **D4** *- 4 pl. du Gén.-de-Gaulle (Grand'Place) - Rihour - 03 20 14 24 24 - www.theatredunord.fr.* Trois salles, deux en plein cœur de Lille et une à Tourcoing, pour une programmation qui mixe théâtre classique et contemporain. Le directeur, Christophe Rauck, poursuit la politique de création et de diffusion de spectacles.

LE VIEUX LILLE

Plan de quartier p. 26

Bar

5 **L'Illustration** – **D3** *- 18 r. Royale - 03 20 12 00 90 - www.bar-lillustration.com - 12h30-3h, sam. 14h-3h, dim. 15h-1h.* Petit bar convivial et tranquille datant du début du 20e s., où les artistes (écrivains, peintres) se retrouvent pour bavarder. Soirées littéraires, expositions et autres animations à thème pour une clientèle d'habitués.

6 **L'Échiquier - Bar de l'hôtel Alliance** – **D4** *- 17 quai du Wault - 03 20 30 62 62 - www.alliance-lille.com - 10h-1h, dim. et j. fériés 10h30-23h - pas d'animation musicale en juil.-août.* Ce bar se trouve au sein de l'hôtel Alliance aménagé dans les murs de l'ancien couvent des Minimes datant du 17e s. Ambiance feutrée et belle sélection de cocktails et de champagnes. Un pianiste s'y produit le soir du mardi au samedi et le dimanche après-midi.

7 **La Capsule** – **D3** *- 25 r. des Trois-Mollettes - 09 82 47 14 75 - lun.-merc. 17h-0h, jeu.-vend. 17h-3h, sam. 16h-3h, dim. 17h-0h.* Bar traditionnel en bois, où la bière est reine et où la carte est longue et change souvent. Attention, les barmen sont pointus et l'ambiance joyeuse. Cave en sous-sol. Souvent bondé.

8 **Le Kremlin** – **D3** *- 51 r. Jean-Jacques-Rousseau - 03 20 51 85 79 - 18h-3h.* Bien caché au fond d'une rue calme, ce bar mérite le détour. Déco rouge et noire rehaussée de quelques vestiges de l'URSS, il est tenu par un Polonais qui sait ce que vodka veut dire. Environ 70 sortes importées de Pologne, de Russie ou d'Ukraine avec de vrais inédits : la vodka aux paillettes dorées, au scorpion macéré ou à la fleur de sureau.

9 **La Pirogue** – **D3** *- 16 r. Jean-Jacques-Rousseau - 03 20 31 70 82 - lun.-sam. 17h-3h.* Attention, coup de chaud sur le Vieux Lille. À la Pirogue, ça chaloupe dangereusement quand on s'y attarde. Ici, on boit du rhum qui vient directement des Antilles et autres lieux du monde. L'ambiance est aussi chaleureuse et chamarrée que la décoration tropicale et les barmen sont réputés pour leur gentillesse. À déguster : toutes sortes de cocktails à base de rhum. Un incontournable : le zazou, servi bleu.

CITADELLE – VAUBAN

Concert

10 **La Péniche** – **D3** - *Av. Cuvier - 03 20 57 14 40 - www.lapeniche-lille.com.* Sur les bords de la Deûle en face du Champ-de-Mars, concerts jazz, électro... Périodiquement, spectacles gratuits.

11 **La Guinguette de la Marine** – **C4** - *8 av. Léon-Jouhaux - Ⓜ Port-de-Lille - 03 20 39 85 43 - www.laguinguettedelamarine.fr.* Au bord de la Deûle, une vraie guinguette à lampions avec terrasse, balançoire et ambiance musette ou jazz manouche le dimanche soir. On peut aussi y manger des plats locaux et même y danser. Réserver par beau temps.

Théâtre

12 **Théâtre Le Grand Bleu** – **B4** - *36 av. Marx-Dormoy - Ⓜ Bois-Blancs - 03 20 09 88 44 - www.legrandbleu.com - bureau mar. 14h-18h30, merc. 10h-12h30, 13h30-18h30, jeu.-vend. 14h-17h - 13 € (-6 ans 9 €, 6-18 ans 11 €).* Cette salle destine toute sa programmation au jeune public. Certains spectacles sont même accessibles dès l'âge de 2 ans, d'autres plairont davantage aux adolescents : danse, cirque, théâtre, conte, hip-hop et autres bonnes surprises.

WAZEMMES

Concert/spectacle

Voir aussi la programmation de la maison Folie Wazemmes p. 42.

14 **Le Modjo** – **D7** - *108 r. du Marché - Ⓜ Wazemmes - 03 59 89 96 65 - lun. 14h-0h, mar.-jeu. et dim. 12h-0h, vend.-sam. 12h-3h.* Bar chaleureux dédié aux concerts *live* à compter du jeudi soir. Programmation variée : du rock à la chanson française, en passant par le gospel, la techno, le hip-hop...

15 **Le Biplan** – **C6** - *19 r. Colbert - Ⓜ Gambetta - 03 20 12 91 11 - www.lebiplan.org.* Théâtre, humour, impros et musiques actuelles sont proposés par cette association « en vol depuis plus de dix ans ».

16 **Café du Cheval Blanc** – **C7** - *56 r. des Sarrazins - Ⓜ Wazemmes/Gambetta - 03 20 40 65 41 - mar.-sam. 12h-14h30, 19h30-22h30.* Un vrai café populaire dans son jus, qui mise sur les standards de la chanson française ou l'accordéon pour l'ambiance. Concerts tous les vendredis soir à 20h30. Bonne adresse pour les dimanches pluvieux.

17 **La Malterie** – **D8** - *42 r. Kuhlmann - Ⓜ Porte-des-Postes ou Wazemmes - 03 20 15 13 21 - www.lamalterie.com.* Ancienne friche industrielle, cet espace est divisé en salle de spectacles, salle d'exposition et ateliers d'artistes.

Bar

18 **La Plage** – **D5** - *122 bis r. de Solférino - Ⓜ République-Beaux-Arts - 03 20 13 98 04 - www.barlaplage.fr - mar.-sam. 18h-3h.* Coup de chaud sur cette adresse historique du quartier, réputée pour son sable aux pieds, sa déco tropicale et l'art du jonglage des barmen qui composent les cocktails. *Happy Hour* tous les jours de 18 à 20h. DJ tous les soirs.

Opéra de Lille.

EURALILLE

Concert/spectacle

19 **L'Aéronef** – **F4** - *168 av. Willy-Brandt - Ⓜ Gare Lille-Flandres - ✆ 03 20 13 50 00 - www.aeronef-spectacles.com.* Deux salles accueillent des concerts de musique actuelle : électro, rock, reggae ou jazz.

20 **Zénith Arena - Grand Palais** – **F5** - *✆ 03 20 14 15 16 - www.lillegrand palais.com.* Palais des congrès, expositions, spectacles et concerts.

21 **Casino Barrière** – **F4** - *777 r. du Pont de Flandres - ✆ 03 28 14 47 77 - www.hotel-casino-barriere-lille.com.* Un théâtre de 1200 places, au cœur de l'hôtel Casino Barrière, accueille chaque année un spectacle dîner/cabaret et de manière plus exceptionnelle des chanteurs. Programmation grand public.

Aéronef

L'Aéronef.

PORTE DE VALENCIENNES

Concert

22 **La Rumeur** – **F7** - *57 r. de Valenciennes - Ⓜ Porte-de-Valenciennes - ✆ 03 20 52 71 97 - lun.-jeu. 18h-0h, vend.-sam. 18h-1h.* Cet estaminet organise des concerts *live* tous les jeudi, vendredi et samedi soir. Pop-rock, métal, reggae, etc.

ROUBAIX

Plan de Roubaix p. 59

Danse

24 **Ballet du Nord** – *33 r. de l'Épeule - Ⓜ Gare-Jean-Lebas - ✆ 03 20 24 66 66 - www.balletdunord.fr - 8/25 €.* Propulsé sur la scène internationale grâce à son ancienne directrice, l'Américaine Carolyn Carlson, le CCN, désormais dirigé par Olivier Dubois, est une référence de la danse contemporaine. Une des scènes incontournables de la région.

TOURCOING

Concert

Le Grand Mix – *5 pl. Notre-Dame - Ⓜ Colbert - ✆ 03 20 70 10 00 - www.legrandmix.com - 5/20 € la place.* Programmation variée et de haute tenue pour cette salle à l'acoustique parfaite. Les artistes de hip-hop, de rock indies, de world music se succèdent sur cette scène réputée. Bar à l'intérieur.

Se loger

Depuis une dizaine d'années, l'hébergement à Lille s'est développé, et de nombreux hôtels au design recherché et innovant, correspondant aux critères et au goût de ses voisins du nord de l'Europe, ont vu le jour. Parallèlement, une offre spectaculaire de chambres d'hôte, bien répartie sur l'agglomération, permet une alternative intéressante à des tarifs compétitifs et avec une qualité de service remarquable. Attention : la métropole est vite saturée pour la Braderie, le premier week-end de septembre, et lors de certains congrès.

Vous pouvez réserver *via* l'office de tourisme : http://resa.lilletourism.com, qui propose des promotions sur les séjours.

Tous les établissements sélectionnés ici proposent le wifi gratuit et mettent à disposition du thé et une cafetière Nespresso dans la plupart des chambres.

Repérez les adresses sur le plan détachable (à l'intérieur de la couverture) grâce aux pastilles numérotées (ex. 1). Les coordonnées en rouge (ex. C2) font référence à ce même plan.

LILLE CENTRE

Plan de quartier p. 26

Moins de 100 €

8 **Hôtel Kanaï** – **E4** - *10 r. de Béthune - Rihour - 03 20 57 14 78 - www.hotelkanai.com - 31 ch.*

La situation de cet hôtel est idéale : à 2mn du palais Rihour, de la Grand'Place et des commerces du centre. Décoration très tendance et mobilier contemporain. Un parfait accueil. Seul bémol, il faut gravir les étages à pied.

À partir de 100 €

7 **La Villa 30** – **E5** - *24 r. du Plat - République-Beaux-Arts - 03 66 73 61 30 - www.lavilla30.fr - 4 ch.*

Dans une rue calme, à proximité du musée des Beaux-Arts, cette maison des années 1930 a gardé le cachet des demeures bourgeoises. Les bois, les couleurs pourpres et les quelques éléments Art déco créent une ambiance chaleureuse. Au 2e étage, salle de déjeuner et de repos communes. Garage et vélo à disposition. Les chambres, aux grands volumes, sont bien équipées. Celles de milieu de gamme offrent le meilleur rapport qualité-prix.

À partir de 114 €

6 **Best Western Premier Why Hotel** – **E4** - *7 sq. Morisson - Rihour - 03 20 50 30 30 - www.why-hotel.com - 45 ch., 1 suite.*

Installé dans l'hypercentre juste derrière la pl. Rihour, cet hôtel a été aménagé dans un ancien bâtiment administratif. Il en a gardé la façade en béton blanc reconnaissable entre toutes, découpée de grandes fenêtres ovales. Le hall, à la décoration très soignée et originale, et les chambres jouent de son architecture *seventies*. On reconnaît le bâtiment de loin et il est impossible d'oublier qu'on y a séjourné ! Chambres peu classiques (avec souvent la salle de douche ouverte sur la chambre), très confortables (literie haut de gamme), bien équipées, parfois en longueur, mais toutes très éclairées. Salle de sport au sous-sol. Bar avec animation cocktail et musicale du jeudi au samedi soir. Terrasse en été. Restauration le midi. Room service un peu léger mais accessible à toute heure. Parking à proximité (16 €/j).

9 **Novotel Lille Centre Grand Place** – ***D4*** - *116 r. de l'Hôpital-Militaire - Ⓜ Rihour - ✆ 03 28 38 53 53 - www.novotel.com - 104 ch.* Hôtel refait à neuf selon le concept de la chaîne : grandes chambres contemporaines et salles de bains modernes. Plats traditionnels à tendance diététique au restaurant (avec terrasse).

LE VIEUX LILLE

Plan de quartier ***p. 26***

Il n'y a pas à proprement parler de métro desservant ce quartier, mais à la station Rihour, il est possible de prendre une navette (billet Zap, à moins d'1 €) qui dessert en boucle le Vieux Lille.

Moins de 70 €

☺ 1 **Hôtel Gastama** – ***D2*** - *109 r. St-André - ✆ 03 20 06 06 80 - www.gastama.com - ♿ - 156 lits.* Très récent, cet hôtel aménagé dans une maison traditionnelle du Vieux Lille est à mi-chemin entre l'auberge de jeunesse et l'hôtel. On peut y louer soit un lit dans un dortoir (de maxi 8 pers.), soit une chambre avec lit simple/double équipée ou non d'une salle de bains privée. À disposition : ordinateurs, bar ouvert jusqu'à minuit, diffusion des matchs de football et de rugby, cuisine en libre accès, une machine à laver et un sèche-linge et ateliers d'échange avec les locataires présents. Propre, calme, déco et accueil sympathiques. Meilleur rapport qualité/prix de la ville.

De 90 à 120 €

3 **Princesse Apart'hotel** – ***D2*** - *39 r. Princesse - ✆ 06 30 69 81 06 - 6 apparts de 2 à 4 pers.* Une vieille demeure lilloise à la façade sans charme, dans une rue calme du quartier ancien, abrite des appartements à la nuit ou à la semaine. Design fonctionnel mais un peu froid. Réservation par Internet et téléphone (un code d'accès est ensuite envoyé par mail ou sms). Pas de réception sur place, flexibilité dans les horaires d'arrivée et de départ. D'autres appartements sont disponibles à la location pour un week-end ou une semaine rue Négrier, près de la rue Royale (*royaleaparthotel.fr*).

5 **Hôtel Brueghel** – ***E4*** - *5 Parvis St-Maurice - Ⓜ Gare Lille-Flandres - ✆ 03 20 06 06 69 - www.hotel-brueghel-lille.com - 63 ch.* Cette jolie maison flamande occupe une excellente situation dans le secteur piétonnier, à deux pas de la gare. Chambres au charme d'antan, dotées de salles de bains neuves. Ascenseur, boiseries et objets chinés chez les antiquaires valent le coup d'œil.

Le Gastama, intérieur.

Plus de 120 €

Hôtel de la Treille – **E3** - *7-9 pl. Louise-de-Bettignies - ♿ - ✆ 03 20 55 45 46 - www.hoteldelatreille.com - 40 ch., 2 suites.* Niché sur la plus belle place du Vieux Lille, cet hôtel a été entièrement rénové en 2014. Les chambres élégantes, mais peu spacieuses, disposent toutes de salles de bains avec baignoire. Les plus calmes donnent sur les jardins de N.-D.-de-la-Treille, mais ne sont pas accessibles par ascenseur. Possibilité de chambres communicantes pour les familles.

À partir de 195 €

Hôtel Carlton – **E4** - *3 r. de Paris - Ⓜ Gare Lille-Flandres - ✆ 03 20 13 33 13 - www.carltonlille.com - 51 ch., 8 suites.* Longtemps le seul hôtel de luxe de la ville, le Carlton est en train de restaurer son lustre grâce à une importante rénovation. S'il bénéficie d'une situation stratégique, face à l'Opéra et donnant sur les rues animées Faidherbe et de Paris, il est installé au-dessus d'un Hippopotamus (qui fournit le room service). Les plus belles chambres offrent une vue imprenable sur l'Opéra et sur la ville.

VAUBAN – CITADELLE

De 80 à 95 €

La Maison du Jardin Vauban – **C4** - *6 r. Desmazières - BUS 12 - ✆ 06 71 20 19 10 - www.lamaisondujardinvauban.fr - 3 ch.* Dans une maison typique de 1865, en bordure du très beau jardin Vauban et à 10mn à pied des principales attractions de la ville, 3 chambres à l'ambiance différente, au design original et soigné, imprégné de l'empreinte de Starck. La chambre la plus spacieuse, au sommet, est décorée en *street art* par un groupe d'artistes locaux, Abased'atome. Excellent accueil. Petit-déjeuner exceptionnel préparé en direct par Raphaëlle : gaufres fraîches (excepté le lundi matin).

Plus de 120 €

L'Esplanade – **D3** - *42 B façade de l'Esplanade - Ⓜ Rihour - BUS 1 et 90, arrêt Colpin - ✆ 03 66 96 93 86 - www.esplanadelille.com - 4 ch. d'hôte et 2 studios.* Cette très belle maison bourgeoise borde à la fois le parc de la Citadelle et le Vieux Lille, avec une vue dégagée des deux côtés. Quand ils l'ont aménagée en 2012, les propriétaires ont choisi une décoration design haut de gamme, jouant sur le blanc qu'ils ont rehaussé de couleurs chaudes, tout en gardant les magnifiques matériaux d'origine : les boiseries anciennes, les superbes cheminées, les moulures, belle hauteur sous plafond... Chambres aux beaux volumes. Exposition-vente d'artistes locaux. Possibilité de parking à proximité. Accueil discret et très cordial.

Alliance Couvent des Minimes – **D4** - *17 quai du Wault - Ⓜ Rihour - ✆ 03 20 30 62 62 - www.alliance-lille.com - 74 ch., 8 suites.* Dans l'ancien couvent des Minimes classé Monument historique, hôtel de charme situé à l'entrée du

Vieux Lille. Le bâtiment religieux où sont réparties les chambres, toutes rénovées en 2011, entoure un patio couvert, à la décoration contemporaine, qui abrite le bar et le restaurant **Le Jardin du Cloître** *(cuisine traditionnelle, menu soir 33 € le w.-end - lun.-sam. 12h-14h, 19h-21h, dim. 12h-14h30, 19h-21h30).*

MOULINS – LILLE SUD

Plus de 120 €

19 **Hôtel et Spa Grand Palais** – *F7 - 48 bis r. de Valenciennes - Ⓜ Porte-de-Valenciennes - ☎ 03 20 88 39 66 - www.hotel-spa-lille-grand-palais.fr - 35 ch., 5 suites - rest. tlj sf dim. soir - 12/28 €.* Magnifique hôtel particulier de 1872 dont les fresques et les murs décorés d'origine ont été conservés. C'est le seul établissement de ce quartier en cours de réhabilitation. Chambres propres et de belle taille. Hammam, sauna et deux Jacuzzis gratuits. Forfait week-end. Plus facile d'accès en voiture qu'en métro.

EURALILLE – LES GARES

Moins de 100 €

14 **Hôtel Flandre-Angleterre** – *E4 - 13 pl. de la Gare - Ⓜ Gare Lille-Flandres - ☎ 03 20 06 04 12 - www.hotel-flandreangleterre-lille.com - 44 ch.* Sur le parvis de la gare Lille-Flandres, à proximité des rues piétonnes, cet hôtel familial bien tenu met à votre disposition des chambres de différentes catégories bien équipées. Établissement simple mais dont l'emplacement et les prix abordables en font une adresse à ne pas négliger.

À partir de 120 €

13 **Hôtel UP** – *E4 - 17 pl. des Reignaux - Ⓜ Gare Lille-Flandres - ☎ 03 20 06 06 93 - www.hotelup.fr - 27 ch.* Hôtel design et intimiste (de la chaîne Best Western), proche de la gare Lille-Flandres mais déjà dans le centre. Toutes les chambres, plutôt spacieuses, ont un décor différent, même si le style contemporain, très tendance, s'impose à l'ensemble de l'hôtel. En rez-de-chaussée, un bar où est servi le petit-déjeuner. Animation cocktail le vendredi. Petite restauration en chambre, servie 24h/24.

HÔTEL DE VILLE

À partir de 70 €

20 **Ibis Lille Centre Grand Palais** – *F5 - 1-3 r. des Moulins-de-Garance - Ⓜ Mairie-de-Lille - ☎ 03 20 11 37 90 - www.ibishotel.com - 91 ch. - 70 € le w.-end, 119/169 € en sem., selon les événements programmés sur Lille.* À 10mn à pied des gares et à 5mn du métro Mairie-de-Lille, cet accueillant hôtel est aménagé sur 7 étages. Il présente un intérieur confortable et design au ton gris et rouge, ponctué de quelques notes colorées façon BD avec de grandes photos. Produits frais et variés en libre service pour le petit-déjeuner.

Plus de 160 €

17 Hermitage Gantois - **E5** - *224 r. de Paris - Ⓜ Mairie-de-Lille - ✆ 03 20 85 30 30 - www.hotelhermitagegantois.com - ♿ - 89 ch.* À proximité de la mairie et de la porte de Paris, un des plus beaux hôtels de la ville et un des plus originaux aussi. Installé depuis 2003 dans un ancien hospice du 15e s. qui a reçu des malades jusqu'en 1995, cet établissement haut de gamme en a gardé l'architecture et de nombreux vestiges : un musée *(visite guidée gratuite tous les mardis à 14h)*, une chapelle du 15e s., une bibliothèque de 7 000 ouvrages, une cour d'honneur qui accueille le bar (avec animation musicale le soir), un réfectoire transformé en salon, orné de peintures et boiseries du 18e s., et quelques cellules de sœurs désormais transformées en 6 chambres confortables (pas monacales). D'un style contemporain en métal, en symétrie avec le vieux bâtiment, une récente extension héberge une quinzaine de chambres et un ensemble Spa avec piscine. L'établissement héberge aussi un restaurant gastronomique, **L'Hermitage** (formule affaires 49,50 € le midi, dîner menu à 54 €) et un **estaminet** (cuisine traditionnelle flamande de qualité, avec bières locales : plat du jour 13,50 € - tlj midi et soir - *p. 72*).

SAINT-MAURICE

Moins de 100 €

16 La Villa Aramis - **H3** - *9 r. d'Artagnan - Ⓜ St-Maurice-Pellevoisin - ✆ 03 20 47 85 12 - www.lavilla-aramis.fr - 6 ch.* Au cœur d'un quartier très résidentiel, cette maison d'hôte est un peu en dehors du centre mais à 500 m du métro et à 2 stations de la gare Lille-Flandres. Chacune des 6 chambres est dotée d'une kitchenette et d'une salle d'eau privative. Décoration standard. Il n'y a pas de pièces communes et le petit-déjeuner est livré dans un panier devant chaque porte. Pratique si on vient en voiture (parking gratuit). Même propriétaire que la Villa 30. Accueil correct.

Plus de 100 €

15 Villa Hôtel Gounod - **H3** - *2 r. Gounod - Ⓜ St-Maurice-Pellevoisin - ✆ 03 20 31 31 07 - www.villahotelgounod.com - 1 ch., 5 suites et studios.* À 2 stations de métro de la gare Lille-Flandres, dans le quartier résidentiel St-Maurice. Magnifique maison d'hôte aux appartements (chambre, coin cuisine et salle de bains) très vastes et à la décoration raffinée. Agréable jardin.

VILLENEUVE D'ASCQ

Plan de Villeneuve d'Ascq p. 56

À partir de 60 €

23 La Maison du Sart - *64 av. de Flandres - Tram Le Sart - Ⓜ Wasquehal-Palais-de-Lille - ✆ 03 20 72 35 04 - www.maisondusart.com - 3 ch.* Maison

Villa Paula

Petit-déjeuner dans le jardin de la Villa Paula.

de maître à l'ambiance familiale. Belle chambre à alcôve, décorée à l'orientale. Petit-déjeuner maison et bière bio produite par le propriétaire. Exposition d'artistes. Terrasse. Parking.

ROUBAIX

Plan de Roubaix ***p. 59***

À partir de 50 €

21 **La Maison Bleue** – *96 r. du Grand-Chemin - Ⓜ Gare-Jean-Lebas ou Roubaix-Grand-Place - ✆ 03 20 27 70 32 - www.lamaisonbleue59100.com - 4 ch.* Bien desservi par les transports en commun (métros et gare à proximité), cet hôtel particulier du quartier de La Piscine propose 4 chambres à la décoration rustique simple et fort bien tenues. Excellent rapport qualité-prix.

TOURCOING

À partir de 140 €

Villa Paula – ***Hors plan*** *- 44 r. Ma Campagne - Tram Ma Campagne - Ⓜ Mercure - ✆ 06 12 95 97 97 - www.villapaula.fr - 2 ch., 2 suites.* Dans un hôtel particulier Art déco, au sud du centre de Tourcoing, grandes chambres, très bien équipées et déclinées soit en noir, soit en blanc. Petit-déjeuner servi dans la salle commune ou en terrasse. Grand jardin, Jacuzzi. Parking fermé.

lille

Lille pratique

Cyclistes (V'Lille) devant le Palais des Beaux-Arts.
C. Philippe/ArTerra Picture Library/age fotostock

Préparez votre voyage

VENIR EN VOITURE

Les grands axes

Pour rejoindre Lille depuis Paris, vous emprunterez l'**A 1**.

Par la route p. 3.

Infos autoroutières – 0 892 681 077 - www.autoroutes.fr - fréquence FM 107.7.

Les cartes Michelin

Carte **Départements 302** (Nord).
Carte **Région 511** (Nord-Pas-de-Calais, Picardie) avec index des localités et plan de Lille.
Carte **France 721**, au 1/1000000.
En ligne : calcul d'itinéraires sur **www.ViaMichelin.fr**

VENIR EN TRAIN

Grandes lignes

Au départ de Paris : TGV 1h, 17 dép./j. avec un AR toutes les 30mn matin et soir, et toutes les heures le reste de la journée en semaine.

Informations et réservations – 36 35 (0,34 €/mn) - www.voyages-sncf.com

Trains express régionaux

Informations et réservations – Nord-Pas-de-Calais - 0 891 671 059 (0,23 €/mn) - www.ter-sncf.com.

En saison estivale et à certaines dates, grâce aux programmes TER Mer et TER Vert, vous aurez des **billets à 1 €** l'aller-retour pour rejoindre le littoral ou l'intérieur des terres (à condition de posséder le Pass régional Grand'TER - 7 €).

VENIR EN AVION

Aéroport de Lille-Lesquin – 0 891 673 210 (0,23 €/mn) - www.lille.aeroport.fr.

Accès au centre-ville depuis l'aéroport p. 3.

Compagnie régulière

Air France – Informations et réservation 36 54 (0,34 €/mn) - www.airfrance.fr. Vols pour Lille au départ de Marseille et de Nice.

DISTANCES	LILLE	PARIS	BRUXELLES	STRASBOURG
LILLE	-	226	111	523
PARIS	226	-	312	489
BRUXELLES	111	312	-	431
STRASBOURG	523	489	431	-

Compagnies low-cost

Easyjet - ✆ 0 820 420 315 (0,12 €/mn), 00 44 330 365 5454 (de Belgique) - www.easyjet.com. Vols pour Lille au départ de Bordeaux, Nice, Toulouse et Genève.

Hop! - ✆ 0 892 70 22 22 (0,34 €/mn) - www.hop.com. Filiale d'Air France, elle assure la connexion entre Lille et une douzaine de ville en France.

Ryanair - ✆ 0 892 562 150 (0,34 €/mn) - www.ryanair.com. Liaison avec Marseille.

Volotea - ✆ 0 899 232 050 (0,284 €/mn + 1,128 € HT par appel) - www.volotea.com/fr. Vols pour Lille au départ d'Ajaccio, Bastia, Biarritz et Figari.

CLIMAT

Météo

Composez le **32 50** suivi de :

1 - prévisions départementales (7 j.)
2 - météo des villes
3 - météo plages et mer
5 - météo des routes
6 - météo voyages

Accès direct aux prévisions du département - ✆ 0899 71 02 59 (0,34 €/mn) - www.meteo.fr.

Saisons

Printemps :
Souvent agréable malgré quelques giboulées et gelées matinales.

Été :
Évidemment la meilleure période. La ville est presque désertée.

Automne :
Ciel souvent gris et bas, météo changeante mais pluies fréquentes.

Hiver :
Froid mais festif : fête de la Saint-Nicolas, marché de Noël.

OFFICES DE TOURISME

Lille - Palais Rihour - pl. Rihour - 59000 Lille - ✆ 0 891 56 20 04 - www.lilletourism.com - 9h30-18h, dim. et j. fériés 10h-12h, 14h-17h - fermé 1er janv., 1er Mai, 25 déc.

Roubaix - 12 pl. de la Liberté - 59100 Roubaix - ✆ 03 20 65 31 90 - www.roubaixtourisme.com - 9h30-18h - fermé dim.-lun., certains j. fériés (se rens.).

Tourcoing - 9 r. de Tournai - 59200 Tourcoing - ✆ 03 20 26 89 03 - www.tourcoing-tourisme.com - 9h30-12h30,

Pas de panique !

Appel d'urgence européen : ✆ 112
Urgences médicales : ✆ 15 (SAMU)
Police : ✆ 17
Pompiers : ✆ 18
SOS Médecins (24h/24) Lille Métropole : ✆ 03 20 29 91 91.
Pharmacies de garde : ✆ 0 825 74 20 30 (0,15 €/mn).
Centre anti-poison : ✆ 0 800 59 59 59 (n° vert).
Objets trouvés : ✆ 03 20 50 55 99 (lun.-vend. 8h-12h, 14h-17h, sam. 9h-12h).
Perte ou vols de cartes bancaires : ✆ 0 892 705 705 (0,34 €/mn), qui vous orientera selon votre carte.

R. Soberka/hemis.fr

Le château de Flers abrite l'office du tourisme de Villeneuve d'Ascq.

13h30-18h30 - fermé dim.-lun. et j. fériés.
Villeneuve d'Ascq – Chemin du Chat-Botté - Château de Flers - 59650 Villeneuve d'Ascq - ✆ 03 20 43 55 75 - www.villeneuvedascq-tourisme.eu - 9h-12h30, 14h-18h, sam. 9h-12h - fermé dim.-lun. et j. fériés.

POUR EN SAVOIR PLUS

Nord Tourisme – 3 r. du Palais Rihour - BP 80128 - 59001 Lille Cedex - ✆ 03 20 57 59 59 - www.tourisme-nord.fr.
Renseignements sur Internet :
www.nordmag.fr – Culture et loisirs pour le Nord-Pas-de-Calais.

Votre séjour de A à Z

ENFANTS

Réserves naturelles, parc zoologique ou archéologique, plans d'eau, fermes ou serres pédagogiques, zones de loisirs et aires de jeux, karting, bowling, accrobranches, patinoires, spectacles... les activités que l'on peut faire avec des enfants de tous âges dans la métropole lilloise sont innombrables. Elles sont répertoriées dans un guide spécifique publié par l'office de tourisme : *Lille pour tous*.

Par ailleurs, des ateliers thématiques sont organisés par le musée de La Piscine à Roubaix *(p. 58)* et le LaM à Villeneuve d'Ascq *(p. 53)*. Le palais des Beaux-Arts *(p. 18)* propose quant à lui un parcours « famille » interactif avec des initiations au graphisme. Le Louvre-Lens *(p. 67)* organise une multitude de visites-ateliers et de visites guidées pour les familles. La Manufacture des Flandres à Roubaix *(p. 62)* initie les enfants au tissage et les engage à mener une enquête au milieu de l'ancienne usine. Enfin, les visites les plus appropriées pour un moment en famille sont le musée de la Poupée et du Jouet ancien à Wambrechies *(p. 52)*, la maison Folie de Moulins *(p. 44)*, le musée de l'Institut Pasteur *(p. 24)*, et le musée d'Histoire naturelle et de Géologie *(p. 25)*.

Les familles peuvent aussi se détendre ou pique-niquer dans des endroits tels que le parc de la Citadelle avec tous ses loisirs, le Jardin des plantes, le jardin Vauban et son théâtre de marionnettes, le parc Barbieux de Roubaix, ou au parc zoologique, qui plus est gratuit.

LOCATIONS DE VOITURES

Avis – Gare de Lille-Europe - ✆ 0 820 61 16 95 - www.avis.fr - Autres agences : gare de Lille-Flandres - ✆ 0 820 61 16 96 ; aéroport Lille-Lesquin - ✆ 0 820 61 16 97.

Budget – Lille Gare - ✆ 03 28 36 55 66 - www.budget.fr.

Europcar – Gare de Lille-Europe - ✆ 03 20 06 01 46 - www.europcar.fr. Autres agences : gare de Lille-Flandres - ✆ 03 20 06 10 04 ; aéroport de Lille-Lesquin - ✆ 03 20 90 45 45.

Hertz – Gare de Lille-Europe - ✆ 03 28 36 25 90 - www.hertz.fr. Autres agences : gare de Lille-Flandres - ✆ 03 28 26 28 70 ; aéroport Lille-Lesquin - ✆ 03 20 49 67 89.

MARCHÉS

Marchés alimentaires

Marché de Wazemmes – Pl. de la Nouvelle-Aventure - Ⓜ Gambetta - mar., jeu. et dim. 7h-14h. *(p. 42)*.

Marché de Sébastopol – Pl. Sébastopol - Ⓜ République-Beaux-Arts - merc. et sam. 7h-14h. Agréable petit marché.

Marché du Vieux Lille – Pl. du Concert - merc., vend. et dim. : 7h-14h. Marché alimentaire de producteurs régionaux.

Marchés du livre...

Marché aux livres anciens – Ⓜ Rihour - mar.-dim., ts les apr.-midi *p. 84.*

MUSÉES

Lille et sa région peuvent s'enorgueillir de concentrer le plus grand nombre de musées en France après Paris. Attention : la plupart sont fermés le mardi. Le **City Pass Lille Métropole** (*ci-dessous*) donne un accès gratuit aux collections permanentes d'une trentaine d'entre eux, mais ni aux expositions temporaires ni aux visites guidées.

PASS TOURISTIQUE

Visites p. 115.

City Pass Lille Métropole – L'office de tourisme propose des forfaits thématiques (découverte, marché de Noël, culturel, Braderie de Lille...) comprenant une ou plusieurs nuits d'hôtels, un City Tour, une entrée de musée ou un spectacle, etc. Valable tte l'année, le City Pass Lille Métropole permet d'accéder gratuitement au réseau de transports en commun et à de nombreux sites et prestations touristiques à Lille et dans la région pour 1, 2 ou 3 j. (25, 35 et 45 €).

Office du tourisme et des congrès de Lille p. 107.

POSTE

Bureau central – 8 pl. de la République - ✆ 36 31 - Ⓜ République-Beaux-Arts - lun.-vend. 8h-19h, sam. 8h30-12h30.

PRESSE

Quotidiens

La Voix du Nord est le quotidien historique et de référence de Lille et de sa région. Son siège social qui domine la Grand'Place est aussi connu que son titre, qui est issu de la Résistance. Un million de lecteurs le lisent chaque jour.
Sont distribués gratuitement : **Direct Matin Lille**, **20 minutes**, **À nous Lille**.

Mensuels

Lille magazine, le mensuel édité par la mairie et disponible sur place. À feuilleter sur www.lille.fr/cms/accueil/votre-mairie/Lillemag.

Bimestriel

La Brique, un journal engagé, indépendant et local d'enquêtes - www.labrique.net

Plus rares

Girl Next Nord, un gratuit féminin plein d'idées et de bons plans - http://girlnextnord.fr

Annuel

Le Ch'ti magazine et **Ch'tites Canailles**, écrits et réalisés par les étudiants de la ville tout au long de l'année, ces deux magazines sortent en une seule édition le 3e week-end du mois de mars, chaque année. Il y a de nombreuses adresses, sélectionnées et cotées par catégories, ainsi que des bons plans. Sans oublier les Ch'tites Canailles, spécial enfants : boutiques spécialisées, activités, etc. Ils sont distribués gratuitement sur la place de la République et alentour (événement à ne pas manquer) accompagnés de concerts, jeux et animations pour tous. Vous pouvez obtenir la carte (accès à des réductions dans les boutiques, restos...) pour 1 €, reversé à une association caritative différente chaque année.

SPORTS

Lille peut s'enorgueillir d'avoir le stade le plus moderne de France, construit en 2012, ex-Grand Stade de Lille-Métropole, rebaptisé **Stade Pierre-Mauroy** (*p. 58*). Accessible en métro : ligne 1 Ⓜ Cité scientifique ou Cantons Grand Stade ; ligne 2 Ⓜ Les Prés, prévoir ensuite un quart d'heure de marche.

La halle **Jean Bouin** est une grande salle d'athlétisme couverte, très prisée des organisateurs de grandes compétitions, pour pallier le risque d'intempéries. Lille dispose également de la **halle de glisse**, spot unique dans tout le nord de la France pour tous les amateurs de skateboard, rollers...

À noter que le dispositif *Sport, femmes, famille* vante et développe les pratiques sportives collectives et familiales afin d'améliorer la vie sociale de la ville.

Roubaix est, elle, dédiée au cyclisme. Point d'arrivée de la célèbre course **Paris-Roubaix**, son vélodrome construit dans les années 1920 et ses célèbres douches se visitent toute l'année (*p. 62*).

Plus récent, le **Stab Vélodrome** ou vélodrome couvert, offre à tous la possibilité d'un baptême de vélo sur piste (*p. 62*).

Enfin, le Nord-Pas de Calais bénéficie d'une dérogation spéciale et demeure la seule région de France métropolitaine où les **gallodromes** et combats de coqs sont autorisés.

STATIONNEMENT

Il est conseillé de se garer à l'extérieur du centre-ville où le stationnement payant est très limité. Plusieurs **parcs relais** gratuits (avec un titre de transport Transpole validé) sont situés à proximité de stations de métro.

Ligne 1 : CHR B.-Calmette (Lille), Porte-des-Postes (Lille), Quatre-Cantons (Villeneuve d'Ascq).

Ligne 2 : St-Philibert (Lomme), Porte-des-Postes (Lille), Porte-d'Arras (Lille), Les-Près (Villeneuve d'Ascq).

Il est aussi possible de se garer à proximité du centre-ville dans le parc relais du Champ-de-Mars (gardé lun.-sam. 7h-20h) pour un coût modique (2 € les 3h, 4 € la journée), le prix du stationnement comprenant le transport en bus ligne 12 pour tous les passagers du véhicule. 11 parkings Vinci sont à disposition en ville (de 12 à 20,90 €/j.).

TAXI

Stations uniquement à l'aéroport, gare de Lille-Flandres et gare de Lille-Europe.

O. Leclercq/hemis.fr

La célèbre course cycliste Paris Roubaix.

AG taxis – 03 20 26 28 28 - www.agtaxis.fr.
Taxi Gare Lille – 03 20 06 64 00.
Taxi Rihour – 03 20 55 20 56.
Taxi 7j7.com – 0 899 03 82 27 (1,35 €/appel + 0,34 €/min) - www.taxi7j7.com.
Taxi 24h24 – 0 899 10 85 05 (1,35 € appel + 0,35 €/min) - http://taxis-24h24.fr/lille.

TOURISME DES PERSONNES HANDICAPÉES

Dans ce guide, le symbole ♿ signale les sites accessibles aux personnes à mobilité réduite. Le métro et le tramway de Lille, ainsi que 2/3 des bus, sont accessibles en fauteuil roulant.
APF du Nord – 231 r. Nationale - 59000 Lille - 03 20 57 99 84.

TRANSPORTS EN COMMUN

Lille-Métropole dispose d'un réseau de transports en commun très performant. Au cœur du système, deux longues lignes de métro (desservant notamment Villeneuve d'Ascq, Tourcoing et Roubaix), qui comptent au total une soixantaine de stations auxquelles sont connectés tous les autres moyens de transport de la communauté urbaine, à savoir les deux lignes de tramway, les lignes de bus, les stations de V'Lille (vélo) ou encore les TER. Le métro, entièrement automatique, a une fréquence élevée : toutes les minutes aux heures de pointe, jamais plus de 6 minutes d'attente aux heures creuses.

Transpole – 03 20 40 40 - www.transpole.fr - système Pass Pass : les voyageurs occasionnels doivent acheter une carte rechargeable souple (0,20 €) et choisiront ensuite un trajet à l'unité (1,50 €), des trajets par 10 (12,50 €) ou encore un Pass'Journée (4 €), un Pass'2 Jours (7,50 €), un Pass'3 Jours (9,50 €), un Pass'Soirée (à partir de 19h, 2 €), un Pass'Braderie (5 €). Achat des tickets dans les stations de métro et de tramway ou à l'office de tourisme. Attention, il faut valider son Pass (« bip » sonore) à chaque trajet et correspondance sur les bornes présentes sur les quais ou dans les bus.

Tramway ancien – R. de la Deûle - 59520 Marquette-lez-Lille - 03 28 38 84 21 - www.amitram.asso.fr - du 1er dim. d'avr. au 25 avr., mai-juin et sept. : dim. 14h-18h (dép. ttes les 30mn du Vent de Bise à Wambrechies et de la r. de la Deûle à Marquette) ; 25 avr.-2 mai et juil.-août : dim. et merc. 14h-18h (dép. ttes les 40mn du Vent de Bise à Wambrechies) - 4 € AR (enf. 1 € AR). Sur la rive droite du canal de la Deûle, trois vieux tramways remis en service par l'association Amitram circulent entre Marquette-lez-Lille et Wambrechies (2,9 km), au rythme du début du 20e s.

TRANSPORTS RÉGIONAUX

En train

Il est possible d'aller à **Lens** en train (une dizaine de TER directs relie les deux villes) à partir des gares Lille-Flandres ou CHR (trajet entre 40mn et 1h).

SNCF – 36 35 (0,34 €/mn) - www.voyages-sncf.com.

VÉLO

V'Lille – 2000 vélos sont mis à disposition dans 440 points de stationnement, à Lille et dans 9 communes environnantes (Roubaix et Tourcoing notamment), la plupart connectées au réseau **Transpole** – p. ci-contre - www.vlille.fr (1,40 € d'abonnement pour 24h, 7 € pour un abonnement de 7 j., gratuit les 30 premières minutes, puis 1 € par demi-heure supp., dépôt de garantie : 200 €).

L'atelier vélo – Av. Willy Brandt, Lille Flandres (à coté du Tri Postal) - 03 20 95 99 61 - mar.-sam. 10h/13h, 14h/19h. Location de vélo (6 €/j.) et réparation.

VISITES

Pass touristique p. 111.

City Tour – 0 891 56 20 04 - dép. du palais Rihour - tour de Lille en minibus (50mn) - dép. ttes les heures 10h-17h (sf 13h dim.-lun. et j. fériés) - fermé 1er w.-end de sept. ; 1er janv., 1er Mai, 25 déc. - 12 € - système audiovisuel en 9 langues, le City Tour vous offre un panorama des

principaux monuments de la ville - réserv. à l'office de tourisme.
Visite guidée – Lille, Ville d'art et d'histoire, propose tte l'année, des visites-découvertes animées par des guides-conférenciers agréés par le ministère de la Culture et de la Communication : Vieux Lille, beffroi de l'Hôtel-de-Ville, City Tour... Réserv. : office du tourisme et des congrès de Lille - ✆ 0 891 562 004 (0,225 €/mn) - programme complet sur www.lilletourism.com.
L'art en vélo – (1h30) - à la recherche des œuvres d'art public réparties dans la ville depuis 2004 (balade à faire en indépendant) - demander un plan à l'office de tourisme.
Lille au fil de l'eau – Av. Mathias-Delobel - ✆ 03 21 39 15 15 - www.isnor.fr - visite guidée (40mn) vac. de Pâques et juil.-août : merc., vend., w.-end et j. fériés ; avr.-juin et sept. : w.-end et j. fériés - fermé 1er janv., 1er et 11 Nov., 25-26 déc. - 6 € (-13 ans 4 €) - minicroisière commentée sur la Deûle - certains dim. au printemps et en été (5 €) - dép. écluse de la Barre, av. Mathias-Delobel (à côté du zoo) - autre point de vente des tickets : office du tourisme de Lille - pl. Rihour.
Roubaix – Visite en tramway de Lille à Roubaix - ✆ 03 20 65 31 90 - tous les sam. de 10h45 à 12h30 - 8€/pers., dép. de la gare Lille-Flandres. Le tarif inclut un Pass'Journée sur le réseau Transpole et une visite guidée, qui commence dans le tramway et se poursuit par une découverte du centre historique de Roubaix.

Agenda culturel

RENDEZ-VOUS ANNUELS

Associations affiliées à la Fédération française des fêtes et spectacles historiques : www.fffsh.eu.

Pour en savoir plus sur les **carnavals** et les **géants**, consultez le site www.geants-carnaval.org.

Mars

▶ **Carnaval de Wazemmes** – (fin mars - déb. avr.) Parade colorée, fanfares et animations clôturées par un grand bal costumé à la maison Folie de Wazemmes.

▶ **Ch'ti magazine** – (1er w.-end) Distribution gratuite, animations (*p. 112*).

Avril

▶ **Paris-Roubaix** – (déb. avr.) La grande course cycliste réunit les plus grands noms du vélo chaque année, dans « l'enfer du Nord ». Départ de Compiègne, arrivée à Roubaix - www.letour.fr.

Mai

▶ **Festival international de la Soupe** – (1er Mai) Autour de la maison Folie Wazemmes, dégustation et élection de la meilleure soupe, récompensée par la Louche d'Or !

▶ **Wazemmes l'accordéon** – (10 j.) Le rendez-vous des virtuoses de l'accordéon, de tous les pays et dans tous les genres - 03 20 11 12 59 - www.flonflons.eu.

Juin

▶ **Deûle en fête** – (le 1er w.-end de juin) Croisières musicales et festival des saveurs dans toutes les villes du bord de la Deûle, de Wambrechies à Lambersart - 03 20 92 26 38/03 28 38 84 21 - www.valdedeule-tourisme.fr.

▶ **Journée nationale des moulins à Villeneuve-d'Ascq** – (3e dim.) Organisée par l'Association régionale des amis des moulins.

▶ **Latitudes contemporaines à Lille** – (2 sem.) C'est LE festival des nouvelles scènes chorégraphiques. Exigeant mais stimulant - 03 20 55 18 62 - www.latitudescontemporaines.com - 13 €.

Juillet

▶ **Tourcoing Plage** – (2 sem. en juil.) Au bord du canal, pont hydraulique, activités sportives et de loisirs, animations et concerts gratuits - tlj 11h-21h - www.tourcoing-tourisme.com.

Septembre

▶ **Braderie de Lille** – (1er w.-end) Durant ce week-end, Lille ne vit que pour la Braderie. Des kilomètres de trottoirs conquis par les forains et les particuliers. On s'installe n'importe où pour vendre n'importe quoi. Animation garantie, surtout dans le quartier piéton de la place Rihour, sur le boulevard de la Liberté et le boulevard Jean-Baptiste-Lebas.

M. Chermat

Festival N.A.M.E, à Tourcoing.

À cette occasion, restaurants et cafés servent des moules-frites - www.braderie-de-lille.fr.

▶ **48h Maisons de Mode** – (mi-sept.) Défilé de mode à la gare St-Sauveur - www.48hmaisonsdemode.com.

▶ **Fête du jouet ancien à Wambrechies** – (dernier w.-end) Le musée organise Eurotoy, la Bourse internationale de poupées et jouets anciens.

▶ **N.A.M.E.** – (1 sem.) Le festival référence en matière de musiques électroniques - www.lenamefestival.com.

Octobre

▶ **Tourcoing Jazz Festival Planètes à Tourcoing** – (mi-oct.) Tous les ans, quelques grands noms du jazz, et de toutes les sensibilités de cette musique, sont présents à l'occasion de ce festival qui allie concerts payants et gratuits - www.tourcoing-jazz-festival.com.

Décembre

▶ **Marché de Noël** – (de mi-nov. à fin déc.) À l'approche des fêtes de fin d'année, la place Rihour et la Grand'Place s'animent avec les chalets et la Grande Roue - www.noel-a-lille.com.

▶ **Braderie de l'art à Roubaix** – (2e w.-end) Pendant 48 heures, designers, illustrateurs, graffeurs, sculpteurs... tous créent en public à partir d'objets et de matériaux de récup' puis vendent leurs

M. Dufour/Lille 3000

La Grande Parade Renaissance, le 26 septembre 2015 pour Lille 3000.

pièces entre 1 et 300 € - La Condition publique - ✆ 03 20 36 72 10 - www.labraderiedelart.com.

ÉVÉNEMENTS 2016-2017

▶ **Lille 3000** – ✆ 03 28 52 30 00 - www.lille3000.com. Dans la dynamique de « Lille 2004 », cet organisme programme des événements culturels tous les deux ou trois ans. Plusieurs mois de festivités autour d'un thème : expositions, fêtes, concerts, conférences, spectacles, décorations et illuminations…

Expositions temporaires

LaM – Du 27 fév. au 5 juin 2016. Rétrospective consacrée à l'œuvre d'Amedeo Modigliani.

GALERIES D'ART

▶ **Artop** (art contemporain) – 83 r. de la Monnaie – ✆ 03 20 42 12 12 - www.artop.fr.

▶ **Espace point barre** (sculpture) – 65 r. de la Barre - ✆ 03 20 57 63 51 - www.espacepointbarre.fr.

▶ **Galerie 9** (arts décoratifs du 20e s.) – 9 r. des Bouchers - ✆ 06 80 67 93 38 - www.9ruedesbouchers.fr.

▶ **Galerie Nac Lil** – 6 r. Thiers - ✆ 03 20 39 59 31.

▶ **Galerie Valérie Lefèbvre** – 68 r. Léonard Danel - ✆ 06 61 58 66 78.

▶ **Galerie Vasse** (dessins, aquarelles sur Lille) - 76 r. Esquermoise - ✆ 03 20 55 18 49 - www.vasse.com.

▶ **Leica store** (photos) – 10 r. de la Monnaie - ✆ 03 20 55 02 32 - www.leica-camera.fr.

▶ **Raison d'art** (art contemporain) – 153 bis bd de la Liberté - ✆ 03 20 31 55 70 - www.raisondart.com.

Roubaix

▶ **La plus petite galerie du monde (ou presque)** – 69, r. des Arts - 59100 Roubaix - ✆ 03 20 24 35 31 - http://lapluspetitegalerie.fr. Une exposition par mois (peinture, dessin, photographie, sculpture). Une « fenêtre-vitrine » donnant sur la rue et une grande salle d'exposition à l'arrière de la maison.

DUBONNET
CHOCOLAT
MIC
RICARD
BURROUGH'S
BEEFEATER GIN
VIM
Pour nettoyer et récurer
MIC

Pour en savoir plus

Braderie de Lille, stand et objets insolites.
R. Soberka/hemis.fr

Lille en quelques dates

10 000 – 5000 av. J.-C. – Premières traces de peuplement dans la vallée de la Deûle.
1er s. av. J.-C. – 5e s. apr. J.-C. – Traces d'occupation gallo-romaine.
640 – Selon la légende, la victoire de Lydéric sur le tyran Phinaert, deux géants, fonde la ville.
1066 – 1re mention écrite de L'isle dans une charte de dotation de Baudouin V, comte de Flandre.
1080 – Tourcoing, seigneurie dépendante de Lille.
1212 – Jeanne, comtesse de Flandre et de Constantinople, s'installe avec son mari, le roi du Portugal à Lille.
1214 – Bataille de Bouvines : victoire française. Son mari prisonnier, Jeanne gouverne Lille (10 000 hab.).
1236 – Fondation de l'hôpital Comtesse.
1260 – Construction de l'hospice d'Havré (Tourcoing).
1304-1369 – Lille sous tutelle de la France.
1384 – Lille devient bourguignonne, puis une des 3 capitales du duché de Bourgogne. Période très prospère.
15e s. – Les lissiers d'Arras, chassés par Louis XI, s'installent à Lille qui devient une cité drapière.
1414 – La bourgade Roubaix reçoit le titre de ville.
1453 – Lille devient une capitale administrative et financière. Construction du palais Rihour pour loger la cour (1200 personnes) de Philippe le Bon.
1454 – Banquet du Faisan.

1477 – La Flandre passe à la maison de Habsbourg, puis sous autorité espagnole.
1491 – Tourcoing obtient une franche foire et peut commercer.
16e s. – Essor de l'industrie textile.
1581-82 – Lille échappe à l'assaut protestant grâce à ses habitants.
1598 – Âge d'or de Lille : construction de la Vieille Bourse.
1667 – Siège et prise de la ville par Louis XIV.
1667-1670 – Construction de la « Reine des citadelles » par Vauban.
1670-1700 – Création du quartier royal et rénovation de la ville ancienne. Naissance du style lillois.
1708-1713 – Prise de Lille et occupation par les Hollandais.
1713-1715 – Traités d'Utrecht : Lille devient définitivement française.
1730 – Tourcoing s'émancipe de Lille et abrite des métiers à tisser.
1762 – Un édit royal brise le monopole drapier de Lille : Roubaix et Tourcoing se lancent dans l'industrie de la laine.
1790 – Tourcoing, fief féodal, devient une ville.
1792 – Siège des Autrichiens. Bombardée, Lille résiste.
1803 – Lille compte 53 000 hab. et devient chef-lieu du Nord à la place de Douai.
Au 19e s. – Blocus Napoléonien de l'Angleterre. Lille développe l'industrie du coton, Roubaix et Tourcoing de la laine. Roubaix deviendra capitale mondiale du textile et abritera la Bourse de la laine.
1846 – Ouverture de la première ligne de chemin de fer Paris-Lille.

1853 – Alexandre Desrousseaux compose *Dors min p'tit quinquin*.
1858 – Un décret impérial annexe à Lille les communes de Fives, Moulins, Esquermes et Wazemmes.
1888 – *L'Internationale* du Lillois Pierre Degeyter est chantée pour la première fois à Lille.
1890 – Naissance de Charles de Gaulle, rue Princesse.
1891 – Lille compte 200 000 hab.
1910 – Déclassement des fortifications de Lille.
1911 – Exposition internationale à Roubaix.
1913 – Création de l'évêché de Lille.
Oct. 1914 – Lille, attaquée par l'armée allemande, se rend.
1918 – La région et son industrie sont complètement dévastées par la guerre.
1919 – Larges boulevards sur les anciennes fortifications.
1921 – Le BCG est mis au point à l'Institut Pasteur de Lille.
1922 – La Redoute (Roubaix) invente la vente par correspondance.
Mai 1940 – Lille est prise par l'armée allemande.
Sept. 1944 – Lille, libérée, est moins atteinte qu'en 1918.
1960 – Début de la crise mondiale du textile et de la métallurgie. La région est durement touchée.
1964-1967 – Création de la cité scientifique à Annappes.
1968 – 85 communes réunies dans Lille Métropole.
1968 – Ouverture de l'autoroute A 1 Paris-Lille.
1970 – Fusion d'Ascq, Annappes et Flers-lez-Lille dans la ville nouvelle, Villeneuve d'Ascq.
1975 – Début des reconversions industrielles, avec la filature Le Blan à Moulins.
1973-2001 – Pierre Mauroy, maire de Lille.
1980 – Rénovation du Vieux Lille.
1983 – Le VAL, première ligne de métro automatique au monde.
1983 – Ouverture du LaM (Villeneuve d'Ascq).
1987 – Construction du nouveau quartier d'affaires Euralille.
1993 – 1er TGV Paris-Lille.
1993 – L'usine Motte-Bossut (Roubaix) transformée en Archives du monde du travail.
1994 – 1er Eurostar Lille-Londres.
1997 – Réouverture du palais des Beaux-Arts.
2001 – Martine Aubry, maire de Lille. Réouverture de La Piscine (Roubaix).
2004 – Lille, Capitale européenne de la culture.
2005 – Beffroi de Lille inscrit au Patrimoine mondial de l'Unesco ; les « géants et dragons processionnels », chefs-d'œuvre du patrimoine oral et immatériel de l'humanité.
2012 – Inauguration du Grand Stade Lille Métropole à Villeneuve d'Ascq et du musée du Louvre à Lens.
2013 – Décès de Pierre Mauroy, le Grand Stade devient le stade Pierre-Mauroy.
2015 – Lille accueille (avec Montpellier) l'Euro de basket.
Sept. 2015-janv. 2016 – Nouvelle édition culturelle de Lille 3000 sur le thème de la Renaissance.
2016 – Lille reçoit le 15e championnat d'Europe de football (ainsi que 9 autres villes françaises).

Une place forte du commerce

UNE CITÉ D'ÉCHANGES

Au 11e s., Lille, qui est déjà une cité drapière, se développe autour du château de Baudouin V, comte de Flandre, et de son port situé à l'emplacement de l'actuelle avenue du Peuple-Belge.
Au fil des siècles, les marais sur lesquels la ville est bâtie sont asséchés, la Deûle est canalisée et le port se déplace progressivement, en même temps que le développement de Lille, jusqu'à son emplacement actuel.
Vassale du roi de France, la Flandre reste pourtant économiquement liée à l'Angleterre et au Saint Empire romain germanique. Elle finit par attiser les prétentions de Philippe Auguste, qui marque une première grande victoire le 27 juillet 1214, à Bouvines.
Lille est ensuite gouvernée par Jeanne, comtesse de Flandre, avant de devenir une possession des ducs de Bourgogne en 1369.
La ville prospère tant que Philippe le Bon décide d'y amener sa cour (1 200 personnes!) au palais Rihour *(p. 14)*, construit à cet effet.
L'époque est festive (les banquets dont le fameux « vœu du Faisan » par lequel il promet d'aller délivrer Constantinople sont fréquents et somptueux).
Au 15e s., Lille accueille les lissiers d'Arras, chassés par Louis X, ce qui renforce encore sa position commerciale.

UNE PLACE FORTE

Le puissant duché passe ensuite à la maison de Habsbourg, puis à l'Espagne lorsque Charles Quint est sacré empereur. Le 16e s. sera l'âge d'or de Lille qui se développe grâce à sa proximité des Pays-Bas et de l'Angleterre tout en échappant aux guerres de religion qui divisent alors l'Europe.
Mais, en 1667, Louis XIV, qui vient d'épouser Marie-Thérèse d'Autriche, infante d'Espagne, entend faire valoir ses droits sur les Pays-Bas, ce que la couronne espagnole lui refuse. Il organise alors le siège et la prise de Lille qu'il transforme en place forte avec l'aide de Vauban. La ville devient la capitale des Provinces du Nord. Désormais bien protégée par sa citadelle *(p. 38)*, Lille s'organise et continue à commercer et à grossir.
En 1762, un édit royal brise son monopole drapier de plus en plus contesté. Roubaix et Tourcoing sont autorisées à tisser. Elles se spécialisent dans la laine, Lille dans le coton.

UNE RÉGION INDUSTRIELLE

Avec l'arrivée de la machine à vapeur et de la mécanisation, le textile devient une activité industrielle à part entière. Lille-Roubaix-Tourcoing se hissent vite au deuxième rang mondial des pôles textiles derrière Manchester, parfois même au premier dans certaines spécialités (la laine à Roubaix). Entre-temps, en 1858, Lille a obtenu l'autorisation d'ouvrir les fortifications qui contraignaient son expansion et a annexé les communes du sud (Fives, Moulins, Esquermes et Wazemmes) qui hébergeaient déjà de nombreuses usines. La superficie de la ville est multipliée par trois, la population par deux. Une telle révolution ne va pas sans l'apparition d'un prolétariat urbain avec son cortège de misère. En 1846, la mortalité infantile atteint 75 % dans les courées de St-Sauveur. Cette industrie atteindra son apogée en 1914, mais sera dévastée par la guerre : l'occupant pille l'appareil industriel quand il n'est pas détruit par les bombardements. En 1918, l'appareil productif est réduit à néant. Même si la reconstruction est rapide, elle n'est pas achevée quand survient la crise de 1929. Les premières reconversions (la vente par correspondance par exemple) ne suffisent pas à endiguer le long déclin du textile. Le Seconde Guerre mondiale sera moins cruelle pour l'économie régionale, qui sera toutefois peu soutenue par les investissements d'après-guerre. À partir des années 1960, la crise du textile devient mondiale et se poursuit jusqu'au début des années 2000, quand ferment les derniers complexes spécialisés. Aujourd'hui, certaines industries traditionnelles (textile, imprimerie, industrie mécanique, chimie, agroalimentaire...) coexistent avec des entreprises de pointe, basées notamment sur les nouvelles technologies. Capitale européenne de la vente par correspondance, Lille (avec Roubaix et Tourcoing) est aussi un carrefour des affaires du nord de l'Europe avec le centre Euralille (*p. 129*), la chambre de commerce et d'industrie et la Bourse des valeurs.

UNE VILLE TOURNÉE VERS L'AVENIR

Depuis les années 1990, Lille Métropole a pris le cap du futur en multipliant les pôles de performance spécialisés. C'est le cas d'**Eurasanté**, situé à Loos, qui développe et favorise la création d'emplois dans le secteur de la santé pour la région Nord-Pas-de-Calais. *www.eurasante.com*.
Euratechnologies est aussi un projet ambitieux qui regroupe entreprises et services autour des nouvelles technologies de l'information et de la communication (TIC), dans l'ancien château de l'industrie Le Blan-Lafont à Lomme, superbement réhabilité. Ce nouveau quartier accueillera également habitats, loisirs, culture, terrains de sport et commerces. *www.euratechnologies.com*.
Enfin, le vaste projet de l'Union complétera la **Plaine Images** autour des nouveaux textiles et des nouvelles images (www.plaine-images.fr). (*p. 65 et 129*).

Un modèle d'architecture

LE STYLE LILLOIS

Dès le Moyen Âge, Lille se construit influencée par le style des Flandres dont elle est la capitale : les maisons sont en brique et rivalisent de décorations qui mettent en avant la puissance des commerçants locaux. Les façades, ornées de moellons de pierre taillés en « pointes de diamant », apparaissent au début du 17e s. (pl. Louise-de-Bettignies, p. 32). La Renaissance flamande (la Vieille Bourse, p. 16 et la maison de Gilles de La Boé, p. 32) se caractérise par un décor exubérant. À la fin du 17e s., l'influence française se fait sentir dans l'alignement des maisons (ex. quartier royal du Vieux Lille), les « rangs » (ex. rang du Beauregard, p. 16) et dans la décoration. Le rez-de-chaussée comporte des arcades de grès (gresseries). La pierre au grain serré freine l'humidité. Au-dessus, la brique alterne avec la craie sculptée d'angelots, d'Amours, de cornes d'abondance et de gerbes de blé.

L'ARCHITECTURE MILITAIRE

Dès le 16e s., des ingénieurs militaires protègent cette région frontalière avec des courtines, puis sous Henri IV des fortifications à la française. Lille sera protégée avec sa citadelle, construite sous Louis XIV, par Sébastien Le Prestre de Vauban (1633-1707). Celui-ci perfectionne le système de ses prédécesseurs avec des bastions ceints et utilise les obstacles naturels et les matériaux du pays pour donner une valeur esthétique à ses ouvrages.
Sur la côte et la frontière de Flandre et du Hainaut, Vauban met en place le « pré carré » : deux lignes de places fortes assez rapprochées les unes des autres pour empêcher le passage de l'ennemi et se secourir entre elles en cas d'attaque. Ces fortifications remplirent leur mission jusqu'aux invasions de 1814 et 1815. En 1940, celles du Quesnoy, de Lille et d'autres ont protégé la retraite des armées franco-britanniques.

L'ARCHITECTURE INDUSTRIELLE

L'agglomération de Lille-Roubaix-Tourcoing, ancien empire du textile a, depuis le 19e s., été marquée par de hautes cheminées d'usines, avant de souffrir de la crise du textile. De nombreux pans de ces cités ont été laissés à l'abandon pendant longtemps mais se redressent aujourd'hui. Ces villes du Nord connaissent un renouveau urbanistique, dont Lille est le meilleur exemple.

DES PIONNIERS DE LA RECONVERSION

Après les crises économiques successives, de vastes friches industrielles sont apparues, parfois

Archives nationales du monde du travail à Roubaix, ancienne usine Motte-Bossut.
P. Houze/hemis.fr

en plein centre-ville. Conscients de la qualité du patrimoine, les pouvoirs publics le préservent de la démolition massive et se montrent pionniers et inventifs dans sa réutilisation. Cette politique a aussi l'avantage d'endiguer l'extension urbaine qui avait été favorisée jusqu'aux années 1970 tout en mettant en valeur l'héritage bâti. C'est l'immense filature Le Blan de Moulins, transformée en unité d'habitation sociale intégrant aussi un théâtre et une église, qui s'impose comme la première opération publique d'envergure. D'autres suivront, parfois à l'initiative d'investisseurs privés.
Tourcoing et Roubaix suivent assez vite ce mouvement de fond. L'usine Motte-Bossut, à deux pas du monumental hôtel de ville de Roubaix, accueille dès 1993 les Archives du monde du travail. Depuis, de nombreux sites ont fait l'objet de reconversions à vocation culturelle, artistique, sociale ou mixte.

LES MAISONS FOLIE

Dans un premier temps, les anciens ateliers de filature deviennent de formidables lieux de culture qui redonnent vie à des quartiers entiers. L'exemple emblématique reste celui des maisons Folie.
Historiquement, une « folie » désigne une construction ludique du 18e et 19e s., édifiée dans un parc, où l'on se rencontre et l'on discute. Depuis Lille 2004, le terme habille d'anciennes filatures, malteries et autres sites industriels ou agricoles mués en lieux de rencontres et d'échanges culturels, artistiques ou festifs.
Douze maisons Folie, qui caractérisent chacune un quartier, ont ainsi vu le jour dans la métropole lilloise.
Voir le programme culturel des « Folies » auprès de chaque lieu : Villeneuve d'Ascq *(ferme d'En Haut - av. Champollion - ☏ 03 20 61 01 46)*; Lille *(Wazemmes - 70 r. des Sarrazins - ☏ 03 20 78 20 23)*; Moulins *(47-49 r. d'Arras - ☏ 03 20 95 08 82)*; Tourcoing *(hospice d'Havré - 100 r. de Tournai - ☏ 03 20 68 54 10)*; Roubaix *(La Condition publique - 14 pl. Faidherbe - ☏ 03 28 33 57 57)*; Lambersart *(Le Colysée - berges de la Deûle - ☏ 03 20 00 60 06)*.

DES USAGES DÉTOURNÉS

On remarque que la réappropriation du patrimoine érigé durant l'âge d'or industriel passe aussi par des usages détournés des lieux. À ce titre, La Piscine de Roubaix (*p. 58*), ancienne piscine municipale transformée en musée d'Art et d'Industrie, demeure la réussite la plus éloquente. Les cabines servent désormais de vitrines d'exposition; quant au bassin, où miroite un filet d'eau symbolique, il accueille un jardin de sculptures.
De même, certaines usines de la banlieue lilloise sont aujourd'hui reconverties en vastes et luxueux appartements.

LA MIXITÉ DES NOUVEAUX ÉCOQUARTIERS

La troisième phase de cette vaste reconversion a déjà commencé et vise désormais à transformer ces châteaux

de l'industrie en de nouveaux écoquartiers qui mixent les utilisations : logements, hébergement d'entreprises du secteur tertiaire et en particulier des nouvelles technologies, écoles ou universités et lieux de culture ouverts au public. C'est le cas d'Euratechnologies à Lomme devenu un incubateur d'entreprises ou plus encore de la Plaine Images, à Tourcoing, véritable lieu d'échanges pour les entreprises, les artistes, les étudiants établis là-bas. Un site d'excellence dédié aux jeux vidéos, au multimédia et aux nouvelles images (www.plaine-images.fr). Ce lieu, qui fonctionne bien mais reste marginal en termes d'emploi, s'inscrit dans la continuité du Fresnoy voisin et bénéficie de la réussite d'Ankama, leader du jeu vidéo en ligne, qui a attiré dans son sillage de nombreuses initiatives technologiques.
D'autres chantiers sont encore en cours, notamment l'immense friche de l'Union (80 ha), à cheval sur les territoires de Tourcoing, de Roubaix et Wattrelos, dont la reconversion a commencé en 2007 autour de deux axes majeurs : les nouvelles images et les textiles innovants. Elle pourrait se poursuivre au moins jusqu'en 2022 tant la tâche est immense. Dépollué, ce site qui a compté pas moins de 51 usines, commence à voir le jour. En 2012, le premier bâtiment de l'ère nouvelle a été livré : il accueille le Centre européen des textiles innovants (CETI), un laboratoire de recherche de pointe sur les textiles de demain. En septembre 2013, la première pierre du siège social de Lille Métropole Habitat (LMH) est posée.
À terme, ce nouveau quartier mixera toute forme d'habitat, un parc paysager, avec des activités économiques et culturelles. Ici, même d'anciennes courées (maison d'ouvriers de l'îlot Stephenson) ont été préservées de la démolition et profitent d'un programme audacieux d'auto-réhabilitation menée par les habitants et l'architecte spécialisé Patrick Bouchain. Dans les bâtiments industriels préservés (la brasserie Terken, l'usine de la Tossée), des bureaux hébergent *La Voix du Nord* et le siège social de la marque de grande distribution, Décathlon.

UN LABORATOIRE D'ARCHITECTURE : EURALILLE

Convaincu que, grâce à sa position géographique, sa ville avait une envergure internationale, Pierre Mauroy (1928-2013) est parvenu à imposer que le tracé de la ligne à grande vitesse Nord s'arrête en centre-ville de Lille, non pas en plein champ comme il était prévu initialement. Ainsi est né Euralille, un centre d'affaires européen au carrefour des TGV Bruxelles-Paris-Londres, devenu depuis le troisième quartier d'affaires de France, après La Défense à Paris et La Part-Dieu à Lyon. Bâti entre 1990 et 1995, le site a réuni les meilleurs architectes du moment : Rem Koolhaas en fut l'urbaniste en chef et favorise un lien étroit entre le pôle d'affaires et la desserte ferroviaire. La tour de Lille (Christian de Portzamparc) et celle de Lilleurope (Claude Vasconi

et Jean-Claude Burdèse) enjambent la gare de Lille-Europe, sans laisser de doute à l'interprétation.
En sus de ses atouts géographiques et de sa réactivité économique, la métropole lilloise a appuyé sa stratégie sur la recherche d'une qualité de vie urbaine. Le centre commercial conçu par Jean Nouvel, la Maison de l'architecture et la salle de spectacle L'Aéronef, pour ne citer que ces exemples, font intrinsèquement partie du projet. Culture, loisirs, tourisme architectural, espaces verts : l'intégration de ces notions participe à la réussite d'Euralille, tant économique qu'esthétique.
La première phase autour de la gare Euralille achevée, le projet comme le quartier ont continué à s'étendre, avec de nouveaux protagonistes. Au nord et à l'est, de part et d'autre du périphérique, ont poussé les secteurs du Romarin, celui de St-Maurice qui accueille le jardin des Géants et le siège de la communauté urbaine, Lille Métropole, puis au sud, le secteur de Chaude-Rivière, toujours en construction. Enfin, encore plus au sud, après le complexe Lille Grand Palais, se bâtit Euralille 2 qui abrite le nouveau siège de la Région, ainsi qu'un secteur résidentiel, le « Bois habité ». Il est encore question d'un autre tronçon, Euralille 3, qui réunirait, au sud, Euralille et le quartier en réhabilitation de la porte de Valenciennes.

ET AILLEURS

Dans le sillage de ce vaste quartier, d'autres constructions contemporaines ont vu le jour. Les structures culturelles, notamment, comptent bien sur l'attractivité euro-métropolitaine de Lille pour capter une audience toujours plus grande.
À Villeneuve d'Ascq, l'ancien musée d'Art moderne s'est agrandi pour devenir le LaM (musée d'Art moderne, d'Art contemporain et d'Art brut) : au bâtiment de Roland Simounet (1983) a été ajoutée une réalisation de Manuelle Gautrand (2010) dont la résille de béton blanc s'affirme de façon radicale.
Cependant, le renouveau architectural de la région se situe le plus souvent dans l'expression du lien entre passé et avenir. À Tourcoing, par exemple, le Studio national des arts contemporains (Bernard Tschumi, 1997) a été conçu sur le principe de boîtes dans la boîte : l'ancien centre de loisirs populaires a ainsi été recouvert d'une immense toiture formant au final une structure moderne. Au palais des Beaux-Arts de Lille, les architectes Jean-Marc Ibos et Myrto Vitart ont construit à l'arrière un « bâtiment-lame » en verre, long de 70 m et large de 6,50 m, qui reflète les lignes néoclassiques de l'édifice ancien pour un rendu photogénique et sophistiqué.

Maison Folie Wazemmes à Lille, réhabilitée par l'agence néerlandaise Nox et l'architecte Lars Spuybroek.

Le sens de la fête

La ville s'affirme comme métropole culturelle avec l'Opéra du Nord, les Ballets du Nord et des troupes comme celle du théâtre du Nord. Et Lille 3000, dans la continuité de Lille 2004, organise animations, expositions et spectacles. Mais, à Lille, la fête n'est pas que culturelle. Elle est aussi populaire et partagée par toute la population locale, sans distinction ni de classe ni d'origine sociale.

LES GÉANTS

Chaque quartier a sa kermesse, sa « ducasse », c'est-à-dire sa fête. À cette occasion, les Lillois sortent leurs géants, Phinaert et Lydéric.
Dans la région, on les nomme « gayants » en picard ou « reuzes » en flamand. Ils forment une famille prolifique – environ 200 personnages –, et incarnent l'âme de toutes les fêtes. Ils se manifestent au son des fifres et des tambours, entourés de diables, gardes du corps, roue de la fortune… et de leur progéniture.
Les premiers géants sont apparus au 16e s. dans le Nord. Bannis par l'Église, ils sont revenus en force au début du 20e s.
Des légendes leur sont attachées : fondateurs d'une cité comme Lydéric et Phinaert à Lille… ou personnages historiques : la cabaretière Jeanne Maillotte, qui repoussa les « hurlus » à Lille. Un jardin leur est même dédié dans la zone d'Euralille 2, où d'immenses chaises attendent qu'ils s'y assoient.

LA BRADERIE

S'il n'y avait qu'une date à retenir de la vie lilloise, ce serait le premier week-end de septembre, celui où a lieu chaque année la célèbre Braderie. Plus d'un million de personnes s'y pressent et pour certains, c'est un rendez-vous à ne manquer sous aucun prétexte. La Braderie perpétue depuis mille ans la tradition de la « franche foire médiévale », où les domestiques étaient autorisés à vendre les petits biens de leurs maîtres. Aujourd'hui, c'est un vaste vide-greniers qui s'étend de la Grand'Place à Wazemmes ou à la citadelle. Chacun peut s'installer sur une parcelle de trottoir et vendre ce qu'il veut. Un espace est toutefois réservé aux professionnels. Depuis le 19e s., l'habitude veut qu'on y mange des frites et des moules, dont les coquilles, jetées en tas dans la rue, forment des monticules (à l'image des terrils) parfois impressionnants.

LILLE 3000

En 2004, Lille devient Capitale européenne de la culture et prend un tournant qui transforme la métropole. Lille 3000 perpétue et renforce ce dynamisme en ouvrant la ville sur le monde de demain. Artistes contemporains et avant-gardistes sont présentés et mis en scène pour le plaisir de tous. *105 centre Euralille - ✆ 03 28 52 3000 - www.lille3000.eu.*

Gastronomie

Généreuse, la cuisine flamande présente une belle variété de plats consistants et savoureux, offerts avec fierté et générosité aux gens venus d'ailleurs. Depuis que Lille et sa région se sont réapproprié la culture locale et leurs traditions, au début des années 2000, de nombreux restaurants (les estaminets) la proposent à leur carte. L'occasion de déguster, et de rapporter, quelques bonnes recettes.

DES PLATS SALÉS...

Classique flamand, le potjevleesch, ou « viande en pot », est une terrine en gelée (veau, porc, lapin et poulet), tout comme le petit salé de Lille. Autre suggestion, la flamiche au maroilles ou « goyère », onctueuse et parfumée.
Les plats, arrosés de bière et accompagnés de pommes de terre, de chou rouge, d'une faluche (galette ronde de pain) ou d'endives braisées : les fameux chicons. Les grandes spécialités sont le lapin aux pruneaux, le coq à la bière et la carbonnade flamande, bœuf braisé avec une sauce à la bière aromatisée d'oignons et d'épices. Le hochepot est une potée de bœuf, veau, agneau, porc, lard et légumes; le waterzooi, un bouillon crémeux à base de poissons cuits ou de poule, avec des légumes.
Enfin, comment passer à côté des fameuses moules-frites, véritable plat national en Flandre, des deux côtés de la frontière? Elles sont le plus souvent à la crème, à la bière ou simplement marinières. Lors de la Braderie annuelle de Lille (septembre), on en mange jusqu'à 400 tonnes. C'est à quel restaurant aura le plus haut tas de coquilles de moules, dressé en pleine rue !
Autre spécialité venue du pays de Galles mais devenue une véritable institution des tables lilloises : le welsh, une tartine de pain trempé dans la bière puis recouverte de jambon et de maroilles gratiné, *a minima*.
Côté fromage, le maroilles (pâte molle, croûte lavée à la bière, corsé), créé au 10e s. par les moines de l'abbaye du même nom, peut s'accompagner de cidre... ou de bière bien sûr. Ses dérivés : vieux-lille (ou maroilles gris), dauphin (maroilles agrémenté d'épices et d'herbes), cœur d'Avesnes et boulette d'Avesnes (maroilles aux épices enrobé de paprika). Mais la région offre bien d'autres choix : le mont-des-cats, peu corsé et fabriqué par les trappistes, les tomes de Marquette et de Cambrai, affinées à la bière, le belval, le vieux-boulogne, la mimolette du Nord. Sans oublier des créations assez récentes : le cœur d'Arras, le boulet de Cassel ou le pavé de Merris.

... AUX DOUCEURS SUCRÉES

Succulentes tartes au sucre, garnies de vergeoise ou cassonade, et voluptueuses tartes à gros bord ou au papin du Boulonnais. Suivies d'un

café léger additionné de chicorée, ou d'alcool (bistouille), avec sucreries ou pain d'épice.
Les gâteaux les plus raffinés sont les fameuses gaufres fourrées à la cassonade ou à la vanille. À noter aussi les cramiques (pains au lait sucrés) et les coquilles (brioches). On savoure les sucreries tels le ryssel (du nom flamand de la ville), un feuilleté au praliné, enrobé de chocolat, les « chuques » du Nord, les babeluttes de Lille (petits caramels fondants). Enfin, n'oublions pas que le Nord est un pays de betterave offrant cassonade blonde ou brune et sucres candis, véritables pierres précieuses à sucer comme des bonbons. Et évidemment le « Carambar », inventé en 1954 à Marcq-en-Barœul.

LA BIÈRE

Promue par le sceptre joyeux du géant armentiérois Gambrinus, roi de la bière, et l'auréole débonnaire de saint Arnould, patron des brasseurs. Le Nord-Pas-de-Calais, riche en eau, orge et houblon de Flandre, réputé pour son arôme, fournit une bonne part des bières françaises, avec une vingtaine de brasseries ; les plus actives se concentrent dans les régions de Lille-Roubaix, St-Omer, les vallées de la Scarpe et de l'Escaut. Parmi les plus connues, la Choulette, la Jenlain, la St-Landelin, la Trois Monts et la Goudale rivalisent avec leurs grandes sœurs belges. Les différentes variétés de bières sont très nuancées : bière du Nord traditionnelle blonde (type « pils ») avec une légère amertume, bière de garde, bière brune régionale à la saveur douce et fruitée, parfois caramélisée, bières ambrée, rousse, blanche, aux fruits...

LE GENIÈVRE

Produit à partir de farine qui, après cuisson, fermente avec de la levure, ce « vin de céréales » est ensuite distillé avec des baies de genévrier. D'où son arôme. La fabrication de cette eau-de-vie se perpétue dans le Nord-Pas-de-Calais, à Houlle, Wambrechies et Loos, où l'on produit également le chuche mourette, apéritif composé de crème de cassis et de genièvre. (*Distillerie Claeyssens p. 52*).

LES ESTAMINETS

Dans la tradition flamande, un estaminet est un débit de boisson, une sorte de café et bien plus que cela. Ce lieu de sociabilité ouvrière, répandu dans toutes les Flandres, comprend *a minima* un bar où il est possible de boire et de fumer. Certains mettaient à disposition des clients des jeux traditionnels pour se distraire, quand d'autres comprenaient une épicerie, parfois un maréchal-ferrant. Endroit de convivialité et de rencontres, les estaminets avaient peu à peu disparu... jusqu'à ce qu'ils reviennent à la mode, en ville, au début des années 2000. Désormais, ce sont des restaurants rustiques, parfois décorés à l'ancienne, où l'on se régale des plats de la cuisine flamande.

Les gaufres de la pâtisserie Meert.
J. D. Sudres/hemis.fr

Des Lillois célèbres

Politiciens, hommes et femmes de lettres, d'art ou de science, la région lilloise est le berceau de personnalités fortes et de grand renom.
La ville de Lille peut s'enorgueillir d'avoir vu naître ou accueilli de **grands hommes politiques**. Charles de Gaulle (1890-1970), président de la République française de 1959 à 1969, général, chef de la Résistance durant la Seconde Guerre mondiale, est né rue Princesse à Lille dans la maison attenante à l'usine de son grand-père *(p. 35)*. Gustave Delory (1857-1925) fut le premier maire socialiste d'une ville (Lille), Louis Faidherbe (1818-1889), général, a créé Dakar au Sénégal. Trois maires de Lille ont eu des destins nationaux : Roger Salengro (1890-1936), ministre de l'Intérieur du Front populaire, Pierre Mauroy, né à Cartignies (1928-2013), Premier ministre de 1981 à 1984 et Martine Aubry, née à Paris, maire de Lille depuis 2001, a été ministre de l'Emploi de 1991 à 1993, puis de 1997 à 2000.
Dans le **domaine des arts et de la culture** sont natifs de Lille les architectes Simon Vollant (1622-1694), Michel Joseph Lequeux (1753-1786), Louis Marie Cordonnier (1854-1940), Émile Dubuisson (hôtel de ville et beffroi de Lille - 1873-1947) ou Pierre-François Delannoy (hôtel de ville de Villeneuve d'Ascq - né en 1921), le peintre Louis Joseph Watteau (1737-1798), le photographe Louis Désiré Blanquart-Evrard (1802-1872), le sculpteur Edgar Boutry (1857-1938), la muse Léona Delcourt (1902-1941), l'écrivain Alain Decaux (né en 1925), le chansonnier Alexandre Desrousseaux (1820-1892), auteur du *P'tit Quinquin*, Pierre Degeyter (1848-1932) compositeur de l'Internationale, le chef d'orchestre Jean-Claude Casadesus (né en 1935), la chanteuse Isabelle Aubret (née en 1938), le réalisateur Julien Duvivier (1896-1967), l'acteur Philippe Noiret (1930-2006), le directeur de théâtre Daniel Mesguich (né en 1952), les journalistes Benoît Duquesne (1957-2014), Nicolas Hulot (né en 1955) et Bruno Masure (né en 1947), les footballeurs Didier Six (né en 1954) et Raphaël Varane au Real Madrid (né en 1993) ou le dessinateur de BD François Boucq (né en 1955). Dernier né des groupes de rock, Skip The Use.

R. Soberka/hemis.fr

La statue du P'tit-Quinquin en hommage à la chanson composée par Alexandre Desrousseaux.

Roubaix n'est pas en reste avec comme personnalités locales le député Jules Guesde (1845-1922), le ministre du Front populaire Jean-Baptiste Lebas (1878-1944), l'actrice Viviane Romance (1922-1991), le compositeur de musique de films Georges Delerue (1925-1992), l'homme d'affaires Bernard Arnault (né en 1949), le fondateur du groupe Auchan Gérard Mulliez (né en 1931), les cinéastes Étienne Chatilliez (né en 1952) et Arnaud Desplechin (né en 1960) et l'écrivain Marie Desplechin (née en 1959).

Enfin, le peintre Eugène Leroy (1910-2000), l'actrice Brigitte Fossey (née en 1946), le chanteur Bézu (1943-2007), le fondateur du groupe hôtelier Accor Paul Dubrule (né en 1934) sont natifs de **Tourcoing**.

W-Y

Collection Le Guide Vert sous la responsabilité de Philippe Orain

Édition	Anne Duquénoy, Emmanuelle Souty, Lucie Fontaine
Rédaction	Martin Balédent, Mélanie Cornière, Grace Coston, Sophie Fréret, Véronique Le Bris, Florence Piquot, Emmanuelle Souty
Cartographie	Géraldine Deplante, Daniel Duguay, Maria-Mirabela Dumbrăveanu, Thierry Lemasson Plans de ville : © MICHELIN et © 2006-2014 TomTom. All rights reserved. This material is propritary and the subject of copyright protection, database right protection and other intellectual property rights owned by TomTom or its suppliers. The use of this material is subject to the terms of a license agreement. Any unauthorized copying or disclosure of this material will lead to criminal and civil liabilities.
Relecture	Valérie Lajoinie-Mériot
Remerciements	Didier Broussard (Studio), Maud Lomitz (Iconographie), Isabelle Foucault (Documentation) et les offices de tourisme.
Conception graphique	Laurent Muller (couverture et maquette intérieure)
Régie publicitaire et partenariats	business-solutions@tp.michelin.com *Le contenu des pages de publicité insérées dans ce guide n'engage que la responsabilité des annonceurs.*
Contacts	Michelin Guides Touristiques 27 cours de l'Île Seguin, 92100 Boulogne Billancourt Service consommateurs : tourisme@tp.michelin.com Boutique en ligne : www.michelin-boutique.com

Parution 2016

Crédits photographiques p. 4-5

(de gauche à droite et de haut en bas)

F. Franke/Premium / age fotostock
A. Le Bot / Photononstop
Manuelle Gautrand architecture/photo Max Lerouge
O. Leclercq/ hemis.fr
Y. Guichaoua / iTravelstock collection / age fotostock
R. Soberka / hemis.fr / ADAGP, Paris 2016
A. Leprince / Roubaix La Piscine / ADAGP, Paris 2016
R. Soberka / hemis.fr

Michelin Travel Partner
Société par actions simplifiées au capital de 11 288 880 EUR
27 Cours de l'Ile Seguin - 92100 Boulogne Billancourt (France)
R.C.S. Nanterre 433 677 721

Dépôt légal : 03-2016 – ISSN 0293-9436
Compograveur : Nord Compo, Villeneuve d'Ascq
Imprimeur : Geers Offset, Gent (Belgique)
Imprimé en Belgique : 03-2016

Usine certifiée 14001
Sur du papier issu de forêts gérées durablement (100 % PEFC)

Comprendre les symboles du guide

★★★ **Vaut le voyage** ★★ **Mérite un détour** ★ **Intéressant**

Hôtels et restaurants

9 ch.	Nombre de chambres
bc	Menu boisson comprise
	Paiement par cartes de crédit
	Cartes de crédit non acceptées
	Air conditionné dans les chambres
	Restaurant dans l'hôtel
	Établissement servant de l'alcool
	Piscine

Symboles dans le texte

	Pour approfondir
	Facilité d'accès pour les handicapés
	Astuce, conseil
	Adresse coup de cœur
A2 B	Repère sur le plan

Cartes et Plans

MONUMENTS ET SITES

- Église
- Temple
- Synagogue
- Mosquée
- Calvaire - Fontaine
- Rempart - Tour - Porte
- Vue
- Table d'orientation
- Fort - Grotte

INFORMATIONS PRATIQUES

- Informations touristiques
- Parking - Parking relais
- Tramway - Métro
- Gare : ferroviaire, routière
- Téléphérique, télécabine
- Funiculaire, voie à crémaillère
- Chemin de fer touristique
- Poste - Marché couvert
- Transport de voitures et passagers
- Transport de passagers

AXES ROUTIERS, VOIRIES

- Autoroute ou assimilée
- Rue piétonne
- Rue impraticable, réglementée
- Escalier
- Sentier
- Bac passant voitures et passagers
- Pont mobile

SPORTS ET LOISIRS

- Piscine : de plein air, couverte
- Stade
- Hippodrome
- Port de plaisance

ABRÉVIATIONS ET SIGNES PARTICULIERS

H	Hôtel de ville	P	Préfecture, sous-préfecture
J	Palais de justice	POL.	Police
M	Musée	T	Théâtre